从战略到执行

牛俊伟　郭富才◎著

就用

BLM

中国铁道出版社有限公司
CHINA RAILWAY PUBLISHING HOUSE CO., LTD.

北　京

图书在版编目（CIP）数据

从战略到执行，就用 BLM / 牛俊伟，郭富才

著 . -- 北京：中国铁道出版社有限公司，2025.5（2025.11 重印）.

ISBN 978-7-113-32098-0

Ⅰ. C933

中国国家版本馆 CIP 数据核字第 20250GQ017 号

书　　名：**从战略到执行，就用 BLM**

CONG ZHANLÜE DAO ZHIXING，JIU YONG BLM

作　　者：牛俊伟　郭富才

责任编辑：郭景思　　　编辑部电话：（010）51873007　　电子邮箱：*guojingsi@sina.cn*
封面设计：宿　萌
责任校对：安海燕
责任印制：赵星辰

出版发行：中国铁道出版社有限公司（100054，北京市西城区右安门西街 8 号）
网　　址：https://www.tdpress.com
印　　刷：北京联兴盛业印刷股份有限公司
版　　次：2025 年 5 月第 1 版　2025 年 11 月第 2 次印刷
开　　本：710 mm×1 000 mm 1/16　印张：13.75　字数：208 千
书　　号：ISBN 978-7-113-32098-0
定　　价：88.00 元

企业想要长久且健康地活下去，不仅需要领先一步的战略眼光，更需要强大的执行力以实现战略目标。"做正确的事"和"正确地做事"从来都是一件知易行难的浩大工程。为了实现基业长青，企业家及管理团队不仅需要对内外部环境及变化建立正确的认知，也需要高效的管理工具助力整个团队采取正确的行为。而 BLM（业务领导力模型）是迄今为止关于战略规划到战略执行全流程领域内最有效的管理工具。

BLM 始于 IBM 公司和哈佛商学院的管理共创，该模型不仅帮助 IBM 公司建立了卓越的战略及执行能力，经华为公司的成功实践后，更被证明是助力中国高科技企业完成渐进式创新和跃迁式创新的优秀且强大的管理工具。

市场充满着不确定性，BLM 不仅为企业找准突破口打开了一扇机会之门，更提供了一套帮助企业提升执行力的强大工具。何为市场的大金山、中金山和小金山？如何规避结构性风险？何为未来业务组合？创新模式选择？何为竞争力控制点和业务设计？如何真正做好战略解码？如何对执行力进行诊断？何为高智慧执行力？如何提升领导力？如何将文化价值观行为化？等等。本书作者依据 BLM 分析总结大量优秀企业的成功案例，对上述问题进行了深入探讨和解答。

两位笔者皆是企业管理咨询界的同道中人，不仅在企业做过高级管理者，曾担任多家上市公司的董事、常务副总裁职位，而且拥有极其丰富的企业管理咨询经验。在三十多年的工作经历中，曾为上千家企业提供过培训服务，并贴身为近百家企业提供过管理咨询服务，主要客户包括海尔集团、维沃公司、特变电工新特能源、方太集团、振德医疗、志邦家居、傲雷集团、海正药业、阳光电源、士兰微、恒顺醋业、南方路机等。这些在中国市场上各行各业涌现出的行业领先者，均保持了二三十年以上的高速发展，它们不仅成为国内细分市场的龙头，一些已经成功进入全球第一梯队。而这种企业之所以能在激烈竞争的市场环境下脱颖而出并保持长期优势，恰恰是它们的战略规划到战略执行过程中，与 BLM 的价值理念不谋而合。BLM 不仅适用于有国际影响力的超大型企业，同样适用于快速发展的优秀本土企业。

追求从优秀到卓越的中国企业，学习和了解 BLM，不仅重要而且必要。当下不少中国企业希望了解和正确使用 BLM。本书作者根据长期多项目的 BLM 咨询实践编写此书，希望为中国企业的管理升华做些有益工作。

本书共七章，不仅提供了 BLM 完整的模型架构，还全面且深入地介绍了 BLM 的起源、发展、含义、价值、使用方法、典型案例应用等，为 BLM 提供了极其宝贵的中国企业视角。特别是在咨询过程中，我们归纳总结了 BLM 实践中大量有效的管理方法论及工具实操细节，包括模板、表格、数据分析、工作改进方法，希望能帮助到更多投入于 BLM 实践的企业家和各级管理者。

在编写过程中，深圳汉捷咨询顾问刘子璞先生花了大量精力为本书进行插图制作、内容校对和整理，在此表示感谢！

由于水平有限，书中存在的缺陷和不完善之处，恳请各位读者予以指正。欢迎您将意见和建议通过 13825661906@139.com 邮箱反馈，以帮助我们不断进步。

最后，我们对曾经服务过的客户表示由衷的感激。正是我们共同面对的挑战，不断激励我们把 BLM 实践推向更高境界。

牛俊伟　郭富才

2025 年 2 月

目　录

》 第四章

战略解码　97

》 第五章

战略执行　133

》第六章

领导力及价值观

》第七章

战略复盘迭代改进

附　录　本书英文缩略语释义

第一章 BLM是什么

BLM 是 business leadership model 的缩写，可翻译为业务领导力模型、业务领先模型，也被称为卓越模型，是 IBM 公司（以下简称 IBM）和哈佛商学院合作完成的企业级别战略规划管理工具，它融合了实体经济界在企业战略、领导力、组织变革、组织管理、企业文化等领域最重要的管理思想。不仅如此，以 IBM 和华为技术有限公司（以下简称华为）为代表的企业在运用该模型时又进行了诸多的创新和持续优化。毫无疑问，BLM 作为实践验证的战略框架，是当下助力企业战略落地与可持续发展的最佳战略管理工具。

第一节 BLM 简介

说起战略管理工具，安索夫矩阵、波士顿矩阵、波特五力分析模型等都是人们所熟知的工具。BLM 与上述战略管理工具的区别，主要有两点：

第一，理念不同。传统战略管理工具只研究企业决策者怎样作出正确的选择，至于整个组织如何圆满地实现战略规划，并不涉及。而 IBM 则认为战略与执行是一体的，二者之间存在着天然的不可分割性。对于企业而言，不考虑如何落地的战略规划，压根就没有思考和研究的必要。因此，在 BLM 中既研究如何制定战略，又更加注重战略的有效执行。

第二，来源不同。我们今天熟知的各种传统战略管理工具，它们或出自咨询公司的研究成果，或来自商学院资深教授的学术成果，而 BLM 却是来自企业经营管理的实践成果。

BLM 可简单分为六大模块，如图 1-1 所示。本书将围绕这六大模块展开叙述。

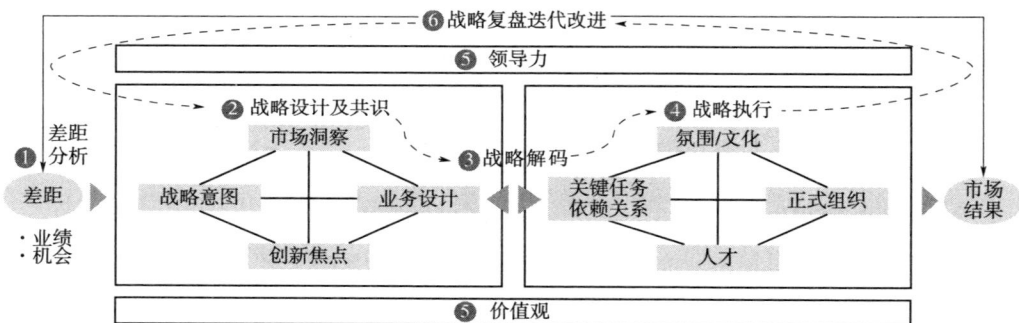

图 1-1 BLM 六大模块

1. 差距分析

差距分析是 BLM 模型的战略触发点，旨在量化企业实际成果与预期目标（或行业标杆）之间的落差。这种"不满感"促使企业重新审视战略方向，并启动战略调整与执行优化。差距分析不仅是问题诊断工具，更是战略创新的催化剂。通过区分业绩与机会差距，企业可精准分配资源：短期聚焦执行优化，长期布局业务重构。华为等企业的成功实践表明，系统化的差距分析能够推动战略闭环管理，实现从"被动响应"到"主动引领"的转型。未来，随着数据驱动决策的深化，差距分析将更依赖实时数据与 AI 预测，进一步提升战略制定的敏捷性与前瞻性。

2. 战略设计及共识

战略不是研究企业未来应该做什么，而是研究企业今天如何作出正确决策方可创造未来。BLM 所定义的战略是平衡短期、中期、长期经营目标的挑战，是三管齐下：其一，思考如何提高现有业务的运营成效；其二，洞察未来变化趋势，对企业进行更新以创造一个全新的未来；其三，识别出未来新业务所需要的能力并建设。为了实现上述三大战略价值，BLM 所定义的战略设计及共识包括：

（1）战略意图。它规划企业的长期、中期、短期目标。

（2）市场洞察。它通过市场扫描来发现企业可以有所作为的目标市场。这里所说的目标市场，既包括当年应该打粮食的主战场（核心业务），也包括三五年内才能挂果采摘正在田间地头生长着的作物（成长业务），以及未来八年至十年后方能有收益，但在当下就需要开垦的处女地且播下希望的种子（新兴业务）。

（3）创新焦点。它通过定义业务类型，将企业的业务分为核心业务、成长业务、新兴业务三大类，并深入思考通过什么样的差异化创新，实现以下战略目的：其一，核心业务如何在当下（近一两年）最大化地为企业贡献收入与利润；其二，成长业务如何成为企业中期（三年至五年）市场增长和扩张机会的最大来源；其三，新兴业务如何确保企业在长期（八年至十年）后拥有强大的竞争优势。创新焦点是对市场洞察的进一步瞄准细化及差异化定位。

（4）业务设计。它是战略设计的集大成者和落脚点，也是战略执行的起点。一个企业无论设立了多么宏伟的使命及愿景，进行了多么深入透彻的市场和客户分析与判断，以及拥有何种独特的能力进行差异化创新，其战略规划最终都要回答：各业务类型（核心业务、成长业务、新兴业务）的客户是谁，提供什么产品和服务，如何赚钱，核心竞争力是什么。对上述问题进行深思熟虑后所制定的解决方案或实施策略称之为业务设计。企业只有完成了业务设计，实现了战略层面初步共识的达成，才有了接下来的战略解码及战略执行。

3.战略解码

领先的战略规划最终获得成功依靠的是企业优秀的团队，是企业员工作出的正确执行。因此，对于 BLM 而言，战略不是让人看不懂摸不着的，而是可视化、可领悟和可落地的。让员工看见企业振奋人心的前景，清楚知道自己的目标和关键任务，了解上下左右需要协同配合的工作，获得必要的资源，知道奖励和惩罚的标准，整个组织形成统一思想、统一目标、统一策略、统一行动的过程就是战略解码。

4.战略执行

BLM 认为高执行力的核心是关键任务用对了人，所以优秀执行力要做好以下四件事情：

（1）关键任务及依赖关系。战略执行的起点是识别出影响战略成败的关键任务，将企业最优秀资源聚焦于此，战略规划的圆满实现方有可能。所谓关键任务，并不是指业务体量最大的业务，而是指最能凸显企业价值主张的产品、核心技术、关键业务流程、核心资源等。企业所有的关键任务不可能全部由企业独自完成，哪些关键任务以企业为主，哪些关键任务由合作伙伴（产业链上下游伙伴、第三方合作机构等）为主，相应的主导和辅助关系，即为关键任务的依赖关系。

（2）正式组织。企业的关键任务包含短期、中期、长期的任务，而任何组织的资源都是有限的，必须合理地进行资源分配。因此，在识别出关键任务后，企业要思考组织资源与行动计划的匹配，以保障业务的成功。正式组织是支撑关键任务落地的组织保障，包括与业务发展相匹配的组织结构、业务流程、运营管理机制、组织绩效管理等。

（3）人才。BLM 中所定义的人才是高度适配关键任务且最有能力圆满完成关键任务的优秀员工。对于任何企业而言，人才永远是一个变量，有着很明显的保鲜期。企业需要建立强大的对人才进行管理的能力，让员工在最佳时间，用最佳角色作出最佳贡献。

（4）氛围及文化。人是环境的产物，好的氛围及文化可以更大程度上激发每一个个体的善意和上进心，让员工勇于承担责任、服务客户、创造价值。那些在激烈市场竞争中能够长期活下来的企业，某种程度上一定拥有独特的氛围及文化，内部建立了较强大的凝聚力。除此之外，还要研究氛围及文化如何适应外部环境的变化，必要时企业要进行文化创新，避免组织陷入僵化和故步自封。

战略执行的四大要素中，关键任务及依赖关系决定了战略是否有落脚点，正式组织决定了关键任务及依赖关系落地顺不顺，人才队伍决定了员工能不能，氛围及文化决定了员工愿不愿。

5. 领导力及价值观

花无百日红，企业经营是高峰期和低谷期的不断更替。要实现业务的持续领先，企业不仅在顺风顺水时实现业绩的高歌猛进，更要在低谷时完成业务转型和组织进化。唯有强大的领导力方能带领企业通过持续创新成功穿越经济发展周期，这是一切组织的灵魂。

领导力发挥作用，除了领袖及管理团队为企业设立短期、中期、长期战略目标并带领员工实现，还需要他们身体力行地践行企业的价值观。领导者在日常检查、监督员工工作时，开宗明义地告诉员工，企业赞扬什么、批判什么、提倡什么、反对什么，不仅自己做好榜样，更要帮助员工坚守企业价值观，这是企业形成强大凝聚力的关键因素。

6. 战略复盘迭代改进

功夫巨星李小龙说："我不怕练了一万种腿法的人，我怕的是同一种腿法练了一万次的人。"任何一个行业里最顶尖的高手，都是通过长期、系统性、有目的性、重复性地做同一件事情且日日精进，方有了卓尔不群。成功者与平庸者最大的差别，是成功者秉持日日精进的理念，是对自己的目标和行动，持续进行总结、反思和纠正。

BLM 认为，不复盘、无成长。只有做好复盘，方可步步前行，日日不止，自有到期。

通过以上对 BLM 六个模块的简要介绍，我们可以看到，BLM 与传统战略管理工具的最大区别：BLM 是一个深入研究企业战略 + 执行的管理工具。

当下中外企业界普遍认同做正确的事情，以及正确地做事，是确保企业基业长青的不二法则。但有效制定战略和落实执行的方法论，战略和执行分别受什么因素影响，以及二者间的关系长期以来众多企业管理者、咨询机构和商学院都在进行研究，但一直没有建立有效的管理模型。IBM 通过对自己实践和经验的总结，又联合哈佛商学院进行管理共创，最终建立起 BLM，这是重大的企业管理方法论创新。

第二节　BLM 创立及发展

20 世纪 90 年代，IBM 陷入严重财务危机，新任 CEO 路易斯·郭士纳推动战略转型，将 IBM 从硬件制造商转向服务提供商。为解决战略与执行脱节的问题，IBM 联合哈佛商学院专家团队，基于迈克尔·塔什曼的"一致性模型"和亚德里安·斯莱沃茨基的"企业设计四要素"理论，开发了 BLM 模型。

1991 年至 1993 年，IBM 亏损总额已高达 160 亿美元，在陆续裁掉 12 万名员工后，企业仍无任何向好趋势。这时，1993 年郭士纳临危受命，担任新 CEO。

1997 年，郭士纳阅读了哈佛商学院管理学教授迈克尔·塔什曼和斯坦福商学院教授查尔斯·奥赖利三世合著的《创新跃迁》。该书作者认为那些曾经成功的优秀企业,自身往往携带"自杀基因",即对过往的成功路径过度依赖,却对新技术新业务浑然不觉,最终走向衰败。为了打破这种成功者窘境,领导者需要建立二元性组织,即领导者需要在内部建立两套系统:一套应对成熟市场,着眼于成本和质量,管理好现有的产品及服务;另一套要应对新兴市场,着眼于速度和适应力,管理好未来的创新业务。为了成功建立二元性组织,作者在书中提出了一致性模型,如图 1-2 所示。

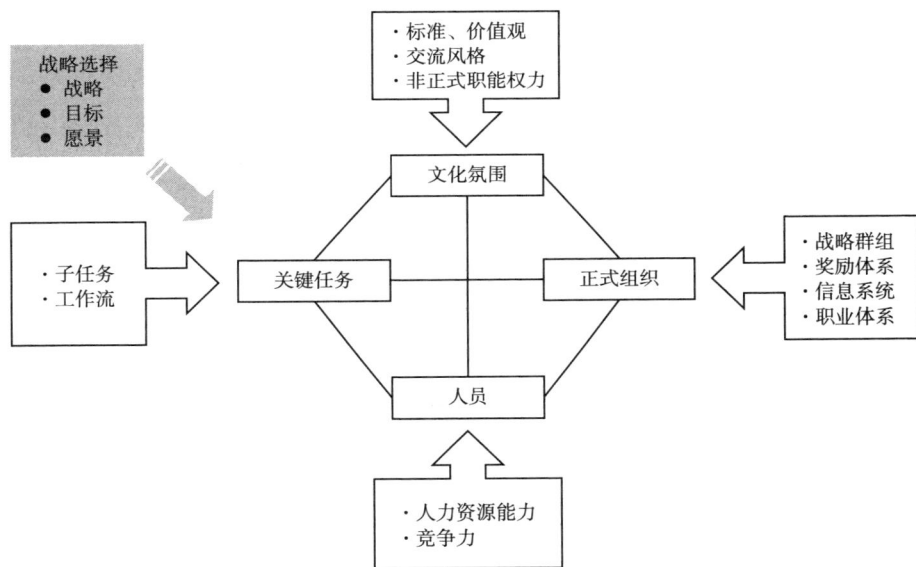

图 1-2 一致性模型

郭士纳阅读《创新跃迁》后异常兴奋,认为书中的观点及一致性模型,同他带领 IBM 团队实施企业变革的经历高度相似,特别是激发全员改变、渐进式创新和跃迁式创新、胜利属于执行这三大项。

1.激发全员改变

《创新跃迁》的作者强调,没有业绩缺口,就不可能有创新,企业领导者要通过使命、愿景、目标的牵引让上上下下产生强烈的不满意感知，避免狂妄自大和不思进取。

IBM 之所以成功实现了迭代更新，首先是让管理层和员工看到了巨大的差距。人们只有对现状产生强烈不满，才会人心思变和拥抱变化。为了激发全员跳出自建封闭王国和舒适圈，郭士纳定义了 IBM 的八大经营管理原则，要求全体员工理解这些原则并改变自己的行为：①市场是我们一切商业活动的动力；②质量是我们至高无上的承诺；③客户满意度和股东价值是衡量我们成功与否的基准；④不断创新，减少官僚习气，提高管理效能和生产率是我们的不懈追求；⑤决不要忽略战略远景规划；⑥思想和行动要有紧迫感，重视行动，不要怕犯错误；⑦真正优秀的团队是拥有杰出、献身、团结的员工，这是企业无所不能的前提；⑧关注员工和所在社区的需求，企业成功的同时要帮助员工成功。

2. 渐进式创新和跃迁式创新

在《创新跃迁》书中，作者提出企业应当建立二元性组织以促进现在和未来的竞争力提升。郭士纳对 IBM 的改造，不是全部推倒重来，而是对传统业务进行了渐进式创新，以及对未来业务进行了跃迁式创新。正是分门别类地对两类业务进行了重构，让 IBM 获得了新生。我们不妨再次回顾郭士纳在 20 世纪 90 年代初所进行的三大战略选择，是如何改变了 IBM 的命运。

（1）基于对 IBM 传统优势业务的分析，否决了拆分公司的提案，选择持续做好传统大型硬件产品的渐进式创新，稳定了 IBM 在全球 IT（互联网技术）解决方案供应商的头部地位。

（2）敏锐地看到了 IT 业的未来将从硬件转向软件的发展趋势，将 IBM 经营重点从硬件制造商转变为软硬件服务供应商。2021 年 IBM 70% 以上的年度营业收入来自软件和咨询业务，这一丰硕成果正是来自郭士纳在 20 年前所做出的战略选择，让今天的 IBM 成为一个不制造计算机的计算机公司。

（3）从客户角度出发，认为客户需要的不是单单一家的产品或服务，而是各领域最优秀企业的产品及服务。为了满足客户真正的需求，在 IBM 内部大力推进价值链合作战略，通过与产业链上下游企业建立联盟和利润分成合作机制，变竞争对手为合作伙伴，不仅将 IBM 融入一个更大的生态系统之中，也推动了产业价值链的共赢模式。从单一企业竞争模式转为价值链竞争模式，这种跃迁式创新，才是确保 IBM 从 20 世纪 90 年代初至今，依然可以在市场上纵横四海的最大底气。

IBM 进行变革的过程，既有对传统优势业务的渐进式创新，更有大胆进入全新业务领域的跃迁式创新。

3. 胜利属于执行

《创新跃迁》书中强调，许多竞争对手都拥有类似的愿景和战略，企业成功的关键不是战略，而是执行。执行才是促成战略获得成功的真正关键因素。正确地完成任务，以及比下一个人更好地完成任务，要比梦想一个新的远景规划重要得多。

关于执行，郭士纳认为领导者不是将战略制定下来后交给下面人去执行，等着听汇报和要结果，执行战略计划本身就是领导者最重要的工作之一。战略执行过程是领导者亲身沉浸在市场大海中验证战略方向的正确与否，是高智商地将战略规划转化为行动计划并执行落实，并对执行结果进行评价后持续改进和优化。而他心目中的一流执行力是建立在三个基础之上：战略的透明性、一流的业务流程、高绩效的企业文化。

IBM 的战略管理团队经过研究后，决定将一致性模型引入 IBM。然而，该模型在执行力部分虽诠释得很到位，但在战略规划部分略显不足。幸运的是《发现利润区》一书中的企业设计元素恰好能弥补这一不足。

《发现利润区》是由一家名为 CDI 的美国咨询公司的核心高管团队于 2002 年合作完成并出版的，后来这家公司被美世咨询收购。《发现利润区》中作者提出了价值驱动业务设计模型（VDBD 模型，见表 1-1），认为高市场占有率 ≠ 高利润，利润来源于企业精心的业务设计，即拥有以客户为中心和高盈利能力而量身定制的业务设计，利润才会出现。该模型最终被 BLM 所采纳，作为战略规划模块业务设计要素的来源。

表 1-1　VDBD 业务设计模型

要　素	关键问题	具体问题
客户选择	我想服务哪些客户	（1）谁是我的目标客户，谁不是； （2）我可以为哪些客户提供实际价值？哪些客户会令我获得满意盈利； （3）我应该放弃哪些客户； （4）我要寻找快速增长市场的目标客户
价值获取	我如何盈利	（1）我如何从给客户创造的价值链中获利； （2）我的盈利模式是怎样的
战略控制	我如何保护利润	（1）为什么客户选择从我这里购买； （2）与竞争对手相比，我的价值主张有什么特别之处； （3）哪些战略控制点能够抵消客户或者竞争者的力量
业务范围	我从事哪些业务活动	（1）我要销售什么样的产品、服务和解决方案； （2）哪些业务活动或者功能是企业内部可以完成的； （3）哪些业务活动或者功能需要分包、外购或者与合作伙伴一起完成

VDBD 模型和一致性模型构成了 BLM 的基本模型框架，郭士纳希望这个模型不局限于企业内部的有限改良，还能够从管理理论和工具方面得到进一步升华，因此他积极推动 IBM 联合哈佛商学院进行管理共创，双方共同推出了 BLM 的最初模型，如图 1-3 所示。该模型的左半部的业务设计模块来源于《发现利润区》的 VDBD 模型；该模型的右半部来源于《创新跃迁》的一致性模型。

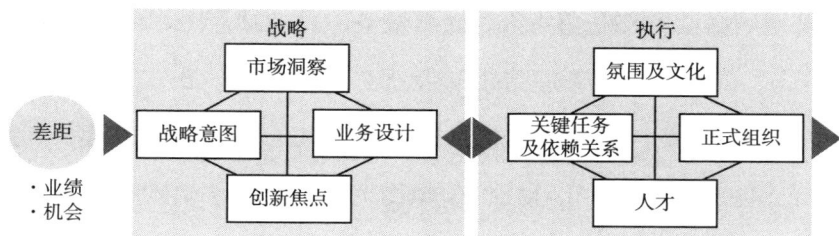

图 1-3　BLM 最初模型

2003 年后，IBM 时任 CEO 彭明盛将"价值观"加入模型，强化其对战略决策的导向作用。

2005 至 2007 年，华为与 IBM 合作期间引入 BLM，通过三个阶段（系统学习、工具细化、流程内化）将其转化为内部战略管理工具。华为对 BLM 进行了诸多的创新，例如增加了领导力模块，在市场洞察环节开发了"五看三定"模块，在战略解码环节引入 BEM 模型等。

目前，BLM 已成为全球 500 强企业广泛采用的战略工具，尤其在科技与服务行业。未来可能进一步融入数字化转型与敏捷管理理念，增强对快速变化环境的适应性。

第三节　六点建议更好地实践 BLM

近年来，我们在为企业提供咨询服务时，发现很多企业非常认可 BLM。比如，2024 年初我们受邀参加了五六家企业的战略研讨会，这些企业要么是主板上市的大中型高科技企业，要么是各细分行业的头部企业。我们发现这些企业不约而同地选择了 BLM 作为战略制定的工具，且在整个过程中还有一个特别明显的共性表现：

从企业一把手到各业务部门负责人，谈得最多的是业绩差距、市场洞察、创新焦点、关键任务，而对企业非常重要的机会差距、战略解码、正式组织、人才、氛围及文化等，要么不涉及，要么简略地带过。另外，BLM 与 DSTE（从战略制定到执行）、BEM（业务战略执行）、MM（市场管理）这些方法论到底是什么关系？这个问题也常常被问到。

我们发现很多企业使用 BLM 的效果并不尽如人意，主要原因是他们没有真正理解和掌握 BLM。从本质上说，BLM 并不是传统意义上的战略规划工具，而是企业战略制定 + 战略执行的管理工具。如果没有看清楚这个本质，BLM 的价值将会大打折扣。

华为是国内最早实践 BLM 的企业，了解华为引进 BLM 的背景及学习实践过程，相信对很多企业很有启发。华为之所以引入 BLM，最初与战略制定并无关系，是华为为了提升海外营销一把手的能力而进行的领导力提升计划。2007 年，在华为销售服务体系和 IBM 合作的领导力咨询项目中，IBM 顾问重点介绍了 BLM 工具，引导华为各国家代表不再处于销售的角色，而要向区域总经理转型。华为销售服务体系的领导看到 BLM 时顿觉眼前一亮，一直困扰的战略制定与执行两层皮的问题似乎有了些眉目。与很多企业类似，华为也一直苦恼于战略设计和执行总是貌合神离，领导规划的蓝图和员工执行的最终结果，中间往往差了十万八千里。

这是一个老生常谈的无解之谜，所谓战略到执行无非是一句话，做正确的事情，并把事情做正确，但知易行难，领导者如何保证自己制定的战略是正确的？员工怎么做才叫执行到位呢？没有明确的标准，更缺失统一的方法论指引，战略到执行只能演变成百家争鸣和百花齐放。

华为原本是请 IBM 顾问来做提升领导力的咨询服务，却发现 BLM 似乎回答了企业战略到执行的一致性问题。很快，华为组织内部顶级管理专家团队学习BLM，并对BLM做了大量深入研究和微创新，主要是将MM流程整合到战略制定模块、将BEM整合到战略解码模块和以BLM为蓝图设计DSTE流程。

1. 将MM流程整合到战略制定模块

MM流程包括理解市场、市场细分、组合分析、制订业务计划、整合优化业务计划、执行和评估业务计划共六个步骤，是IBM于1994年提出的，为的是解决传统战略规划中市场与产品脱节的问题。它最初作为IPD的输入模块，用于筛选市场机会并制定产品开发方向。华为在2000年前后从IBM引入了MM体系，使之成为华为最重要的市场研究工具。在学习研究BLM的过程中，华为内部管理专家认为BLM的市场洞察、创新焦点、业务设计这三个模块需要更全面细致地研究规划，而MM流程恰恰是最佳市场分析与管理的工具，很好地弥补了BLM在这三个模块的薄弱，之后MM流程就成为BLM战略设计阶段最重要的子流程之一，如图1-4所示。

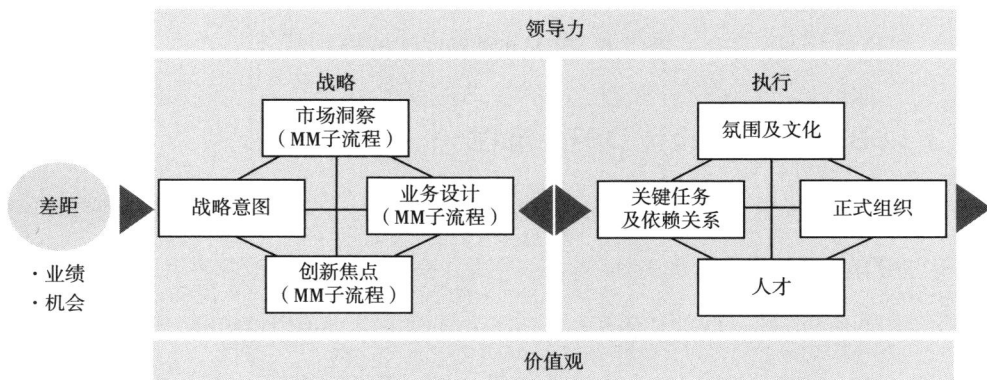

图 1-4　MM 流程与 BLM 的关系

2. 将 BEM 整合到战略解码模块

华为在引入 BLM 和 MM 后，发现 BLM 中战略解码模块过于薄弱，不仅缺失方法论，也没有管理工具可以指导实践，需要进一步完善和细化。

为解决这一问题，华为于 2012 年引入韩国三星电子公司的 BEM 逻辑框架，又结合平衡计分卡（BSC）和 OKR（目标与关键成果法），并融入了六西格玛质量管理改进方法，开发了自顶向下的系统性的战略解码与执行力模型——BEM 模型。华为当前使用的 BLM 中，战略解码 BEM 是一个极其重要的模块，如图 1-5 所示。

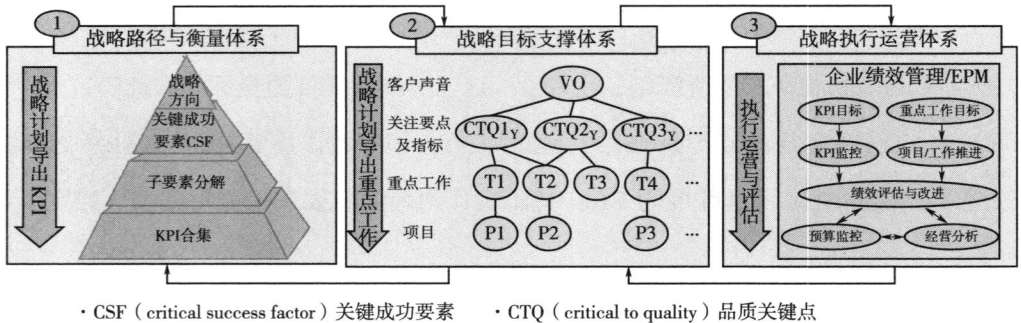

- CSF（critical success factor）关键成功要素   - CTQ（critical to quality）品质关键点

图 1-5 BEM 的战略解码方法论

3. 以 BLM 为蓝图设计 DSTE 流程

对于一个庞大的组织，指导员工做正确的事情，不应该是深奥晦涩的理论和意识形态的奋勇前进，而是清晰的业务逻辑、有驱动力的制度体系和最佳的实践指引，即好的业务流程。DSTE 流程（以下简称 DSTE）是华为管理团队以 BLM 为整体框架，融入 MM、BEM、人力资源管理、财经管理等核心思想，按照战略设计、战略解码、战略执行与监控、战略评估四个步骤，建立的端到端的战略规划到执行的使能流程，如图 1-6 所示。

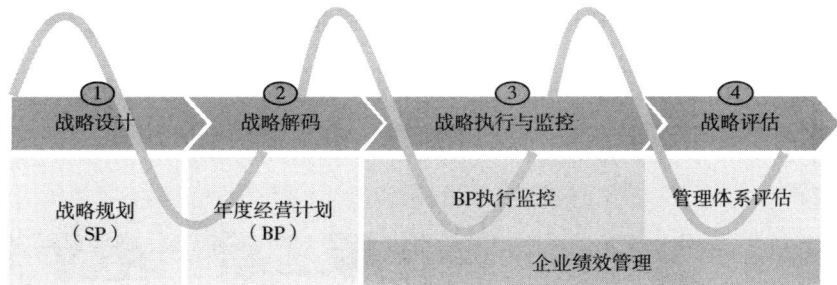

图 1-6 DSTE 框架

通过上面的简要介绍，让我们看到了华为对 BLM 的引入、学习理解、改造优化和落地生根的过程。企业在引入 BLM 时不能僵化地生搬硬套，更不能拿其他企业的成功案例照猫画虎，而应在充分理解其思想、方法论后，结合自身企业的经营特点对其进行吸收、实践、复盘、持续改进。

基于我们为众多企业咨询实践的经验，为更好地运用 BLM 提出以下六点建议：

（1）将 BLM 视为战略制定＋战略执行的工具，而非单纯的战略制定工具。

（2）核心管理团队对 BLM 各模块的内容、含义、方法论、管理工具要有正确认知，并达成共识。

（3）要建立中长期的对标对象，始终让组织处于不满意的紧迫感，以保障组织可以持续进行熵减活动。

（4）高度重视战略解码过程，实现战略、战术和战斗的统一性。解码成果一定要完成战略目标最终转化为关键任务，并使关键任务可衡量、可评价、可追责。

（5）正式组织、关键人才、氛围及文化三大构件与关键任务的适配性，是审视执行力优劣的仪表盘，企业要有耐心地、持续地提升组织能力。

（6）重视复盘，从成功或失败中吸取经验教训，更快地成长。

对于管理成熟度较低，人才资源相对匮乏的小型企业，再增加一条，即不要僵化套用 BLM 在每一个模块上都大费周章，而是要抓好两个关键，即提升领导力和关键任务落地。

第二章　差距分析

差距分析是对企业制定的目标与实际结果进行比较，分析两者之间是否存在差距。若存在差距，进一步分析造成差距的原因并制定措施（如改变战略、调整执行等）以减少或消除差距。

唯有缺口，方有创新。深刻理解 BLM 的业绩差距和机会差距，并让双差分析可视化是令全体员工充满强烈的不满意感知，全身心投身于企业的渐进式创新和跃迁式创新活动中的有效手段。

第一节　感知不满意定义差距

不论组织还是个人，如果对现状较满意，通常是待在舒适圈内不想做出改变，这种情况在那些长期经营成果较好的企业更加明显。管理专家吉姆·柯林斯在《从优秀到卓越》这本书里有一个观点："优秀是卓越最大的敌人！"成为优秀者已实属不易，整个组织难免产生满足感、自豪感和自负感。一旦组织上上下下以优秀者自居，会导致裹足不前和丧失斗志，在不知不觉中就会滑向平庸乃至灭亡。

差距分析是 BLM 的第一个环节，它贯穿从战略到执行的全过程。郭士纳 1993 年接手 IBM，一针见血地指出蓝色巨人的衰败正是自建封闭王国和骄傲自大的恶果。他启动变革的第一步就是让全体员工对现状产生极度的不满，然后心甘情愿地跳出舒适圈融入公司的变革浪潮。所以我们不难理解为什么在 BLM 中，不满意感知，是起点。

不同的组织或个体，由于对自己的要求不同，对不满意的感知程度大相径庭。对于追求从优秀走向卓越的企业家，对标的不仅仅是世界一流企业的最佳表现，更是不断突破并创造奇迹。那些总是被高目标、高标准牵引的组织，内部上上下下充满着强烈的不满意感和力争上游的奋斗精神。

我们以顺丰控股的案例举例说明。2021 年顺丰控股的营业收入首次突破了人民币 2 000 亿元大关，较 2020 年同比增长了 34.55%，是首个冲进世界 500 强的中国民营快递物流运营商。如此靓丽的业绩，顺丰控股内部应该呈现出一派欢乐祥和的景象，每个人涌上心头的是自豪和骄傲吧？但情况恰恰相反。

顺丰控股 2021 年归属上市公司股东的净利润仅有 42.69 亿元，同比下降 41.73%。对比国内营业收入排名第四的中通快递，营业收入 304 亿元而净利润为 49.5 亿元，比顺丰控股多了近 7 亿元。从中通快递的净利润数据来看，顺丰控股属于典型的增收不增利。难道顺丰控股出了什么大问题？

顺丰控股利润的下降并不是经营管理上出现了重大问题，而是公司主动地选择，比如：

（1）顺丰控股收购嘉里物流以扩大国际业务战略布局。

（2）顺丰控股进一步加大了对场地、设备、运力等网络资源的投入。

（3）顺丰控股投巨资建设湖北鄂州花湖机场空港城，有望引入高端制造、生物医药、生鲜冷链、跨境电商、电子备件、应急救援等产业。一旦投入使用，1.5 ~ 2 小时飞行距离可覆盖全国 90% 的地区。

（4）顺丰控股持续加大研发投入，以提升顺丰控股的数智化供应链系统。

（5）顺丰控股为员工提供更有竞争力的薪酬待遇等。

顺丰控股净利润的下降，根本原因就是"投资未来"这四个字，为了确保核心业务和成长业务的可持续性和高成长性，进行了大手笔的投资、投技、投人才。

顺丰控股之所以这么做，是因为董事长王卫追求的是卓越而非优秀。他清醒地看到了顺丰控股可提升的空间，见表 2-1。

表 2-1　2021 年全球物流企业经营数据对比

企业名称	营业收入（亿元）	净利润（亿元）	员工人数（万人）	人均产出（万元 / 人）	人均利润（万元 / 人）
美国 UPS	6 393	847.0	54	118	15.68
德国 DHL	6 297	389.0	57	110	6.82
美国 FedEx	5 517	353.7	51	108	6.92
中国顺丰控股	2 072	42.7	67	30	0.64

注：以上数据来源于各公司 2021 年报数据，并以当年汇率换算为人民币数据。

对比表中排名第一的 UPS，顺丰控股的员工总数比对方多 13 万人，可营业收入为对方的 32%，净利润为对方的 5%，人均利润为对方的 4%。作为中国及亚洲最大、全球第四大综合物流服务提供商，顺丰控股不仅与 UPS 差距甚远，与 DHL 和 FedEx 也存在很大的差距。

相比创立于 1907 年的 UPS，顺丰控股 1993 年才成立。短短的三十余年，顺丰控股之所以成为中国规模最大、最优秀的快递公司，恰恰始于其团队鲜明的球队文化。

　　用一句话来阐述顺丰控股的球队文化就是：只做第一，只拿金牌。而且顺丰人还非常清晰地描绘出这块金牌的成色：

　　（1）从社会角度，是持续创造卓越社会价值的标杆企业。

　　（2）从客户角度，是所有客户的首选伙伴。

　　（3）从公司角度，是全球智慧供应链的领导者。

　　（4）从员工角度，是全球优秀人才追求卓越、实现理想和引以为傲的事业平台。

　　在顺丰控股的管理层看来，2021年即便成为中国快递行业的领先者，但与全球领先企业相比，顺丰控股无论是在经营规模还是经营质量方面，都存在着显著的差距。公司董事长王卫将强烈的不满意感洒向公司的每一个角落，激发起全员奋发图强的斗志和激情。

　　根据顺丰控股2022年报数据显示，2022年顺丰控股实现营业收入2 674.90亿元，同比增加29.11%，归属于上市公司股东的净利润61.74亿元，同比增加44.62%，顺丰控股在世界500强的位置从前一年的441位提升到377位。

　　从顺丰控股的案例中我们可以看出，王卫为顺丰控股设立了远大理想和目标，为了企业进一步发展，顺丰没有选择将利润大比例分给股东以享受人生，而是将大量资金投向新的市场、更多场景的客户需求、更尖端的技术平台、吸引及保留更优秀的人才……

　　战略不是思考未来做什么，而是今天的决策和行动才有了未来。可以预见，今天顺丰控股的投资、投技、投智，一定会让顺丰控股的明天和未来更加美好。

　　无独有偶，我们服务的海尔集团、美的集团、特变电工、维沃公司、阳光电源、方太集团、士兰微电子、志邦家居、振德医疗、傲雷科技等公司，都是国内各行业领军企业。走进这些公司，最明显的感受就是领导者身上强烈的危机感和员工的努力及上进。生于忧患死于安乐，永远是最真实的现实社会写照。

BLM 追求企业业务发展的长期领先，而不是企业经营业绩在某一时、某一刻的暂时领先。立志推行 BLM 的企业，追求的是从优秀走向卓越。这条道路的起点就是，不满意感知。

【小故事： 百年征程的区区一秒】

奥运会现场，最让观众热血沸腾和痴迷的项目一定包括男子 100 米短跑。以千分之一秒计时的男子百米竞赛，不仅刺激好看，还是所有田径竞赛中最难以突破的项目。

1912 年斯德哥尔摩奥运会，来自美国的多纳德·里平科特跑出 10.6 秒的成绩，这也是国际田联首次承认的世界纪录。在那个手动计时的年代，精确到秒后一位已经是极限。之后男子百米的世界纪录，就以 0.1 秒的速度龟速向前递进。

1936 年美国运动员欧文斯在柏林奥运会上创下 10.3 秒的百米世界纪录。不久，著名医生詹姆斯·格拉森断言，人类的肌肉纤维所承载的运动极限不会超过每秒 10 米，百米短跑极限就在 10 秒。他的这个说法得到了体坛主流界的认同，绝大多数教练员和运动员将自己的目标立在了 10.1 秒。1960 年，来自联邦德国的阿明·哈里，跑出了 10 秒的成绩，被视为已到达人类极限，不可能再突破了。

1968 年墨西哥奥运会的男子百米决赛中，美国选手吉姆·海因斯，以 9.95 秒的成绩创造了电子计时时代的第一个世界纪录！"上帝啊，那扇门原来是虚掩着的！"海因斯夺冠之后的喃喃自语，让全世界人欣喜若狂。

在男子百米项目上，只有那些永不满足的教练员和运动员，用自己的力量撞开了那扇大门。2009 年 8 月 17 日在德国柏林世界田径锦标赛上，牙买加著名短跑健将尤塞恩·博尔特创造了 9.58 秒世界纪录。时至今日，该纪录仍无人打破。

从 1912 年 10 秒 6 的世界纪录算起，到 2009 年博尔特的 9.58 秒，百年时间人类不过将男子百米世界纪录缩短了 1 秒。这看似不足挂齿，但是伴随着 1 秒的突破，不仅是全球最顶尖的男子百米短跑运动员挑战极限的最佳写照，而且也完美诠释了"更快、更高、更强、更团结"的奥运精神。

对于企业而言，从优秀走向卓越的道路，就是另外一场人类不断向自身极限发出挑战的极限之旅，就似特斯拉的创始人马斯克所言："对任何技术进行评分的正确方法不是将其与竞争对手进行比较（太容易了），而是将其与物理极限进行比较。"

第二节　业绩差距与机会差距

BLM 将差距分析分为两类，即业绩差距和机会差距，也被称为双差分析。BLM 为什么要将差距分析分为两大类呢？

《创新跃迁》这本书的作者迈克尔·塔什曼教授通过大量实证调研发现，每隔十年，美国《财富》500 强名单都会发生翻天覆地的变化，如 20 世纪 80 年代全美最受尊敬的十大公司，过了十年之后没有一家能进入美国《财富》20 强。究其原因，似乎很少有企业能够跳出成功者的"魔咒"，即曾经的王者在成熟市场所构建起来的竞争优势，当面对新时代的到来时，以往的优势资产则有可能变为埋葬自己的负债。

为了打破这种成功者窘境，塔什曼教授在《创新跃迁》一书中给出了解决方案："领导者需要建立二元性组织，即领导者需要在企业内部建立两套系统：一套应对成熟市场，着眼于成本和质量，管理好现有的产品及服务；一套要应对新兴市场，着眼于速度和适应力，管理好未来的创新业务。"就构建二元性而言，组织需要以定义机遇为起点，继而形成全新的战略，并结合战略和现实业绩的缺口，寻找另一元的方向。对于那些现实业绩已经非常不错的组织，管理者需要通过主动地催化危机，人为制造出缺口，如图 2-1 所示。

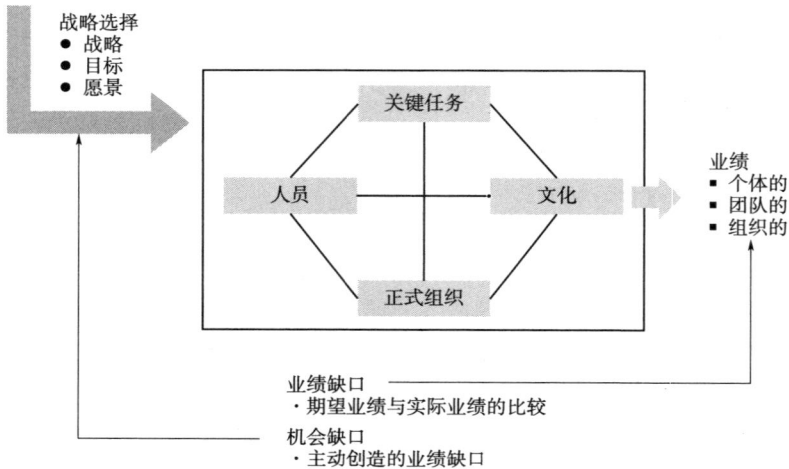

图 2-1　业绩和机会缺口示意图

了解了迈克尔·塔什曼对于二元性组织的定义，我们再来解释双差分析：

（1）业绩差距。在现有业务设计不变的情况下，企业已实现经营结果和期望值之间差距的一种量化陈述。按照《创新跃迁》书中观点，业绩差距适用于企业成熟市场机会的突破，渐进式创新是主要的实现手段。

（2）机会差距。在改变业务设计的情况下，现有经营结果和新的业务设计所能带来的经营结果之间差距的一种量化评估。机会差距是企业为了抓住新兴市场机遇而主动制造的业绩缺口。企业解决机会差距的主要手段是跃迁式创新。

业绩差距很容易理解，也是当下所有企业常用的差距分析方法。机会差距的理解有一定难度，需要特别理解改变业务设计和跃迁式创新这两个概念。下面以浙江海正药业和江苏恒瑞医药举例说明。

　　浙江海正药业公司（以下简称海正）成立于 1956 年，于 2000 年 7 月上市，股票代码 600267，当年营业收入 5.18 亿元，市值 40.79 亿元。江苏恒瑞医药公司（以下简称恒瑞）成立于 1970 年，于 2000 年 10 月上市，股票代码 600276，当年营业收入 4.85 亿元，市值 36.8 亿元。两家企业 2000 年上市之初，主营业务高度相近，均为特色化学原料药和抗肿瘤成品药。二十年过后，2020 年恒瑞营业收入 277 亿元，利润 63 亿元，市值 6 000 亿元。海正营业收入 113 亿元，利润 4.17 亿元，市值 159 亿元。

　　2014 年之前，海正的营业收入一直高于恒瑞，位居中国特色原料药的龙头地位。而恒瑞在 2015 年之后一骑绝尘，不仅远超海正，还在 2020 年成为中国证券市场市值最高的药企。两家起点如此相似的企业，之所以在二十年后命运迥异，原因非常复杂，但最核心的一点就在于恒瑞通过创造机会差距缺口，进行了全新的业务设计，并成功实现了跃迁式创新，即从特色原料药企业成功地转型为仿创新药企业。

　　中国化学制药行业发展起步比较晚，长期以来绝大多数企业以生产原料药为主。海正一直围绕特色原料药的市场进行精耕细作，主要客户为各大国际制药企业，公司经营模式是按订单研发及生产，打造原料药的成本和质量优势。但从全球市场来看，化学原料药的复合增长率一直保持在 6% 左右，由于受限于整个行业的增长缓慢，传统的中国原料药企业成本也较高。海正在 2010 年后也尝试转型，通过与美国辉瑞进行合资企业进军制剂行业。但新的业务一直无法真正建立自身强大的研发和营销能力。

　　恒瑞早年虽然也做特色原料药，但他们主动创造出一个更大的机会差距——改良型新药。这个全新的业务领域所需要的成功关键要素，包括客户选择和价值主张、价值获取 / 盈利模式、战略控制、业务活动范围等与传统的原料药业务完全不同。为了填补机会差距，恒瑞需要重新进行业务设计。不仅如此，新的业务设计需要与之相匹配的组织结构、业务流程、文化氛围、人才队伍等，恒瑞管理团队面临极大的业务变革挑战。

当选择了新的更大成长空间的新兴业务后，恒瑞缩小业务种类，聚焦于高附加值的改良型新药的研发，将资源大力投向研发能力建设和营销能力建设。恒瑞研发费用占营业收入的 20% 以上，它是中国药企研发投入占比最高的企业。恒瑞不仅在中国人才市场招募研发人才，还面向全球招聘顶尖科研人才，形成了自己强大的改良型新药研发能力。同时，恒瑞还自建了庞大的营销队伍，直接面向医院提供产品和服务。更大的风口来自 2015 年以后，国家开启了国内药政监管的彻底改革，鼓励中国药企的自主创新，以恒瑞为代表的改良型新药龙头企业显著受益。2015 年至 2020 年间，恒瑞的产品毛利率高达 85% 以上，年营业收入增长率持续稳定在 25% 以上。强大的药品创新和营销能力，再辅以中国企业具备的成本优势，恒瑞实现了从原料药向改良型新药的华美转身。

通过海正和恒瑞的案例，我们可以看出企业真正的跨越式发展来自新业务的发展壮大，而不是老业务的精耕细作。就拿近期数据来看，2022 年全球原料药市场规模为 2 040 亿美元，制剂药市场规模为 11 054 亿美元，后者的市场规模是前者的 5.4 倍，不仅发展空间巨大，也可获得更高的毛利率。恒瑞为了开展更有发展前景的新业务主动创造机会差距，努力弥补研发和营销的短板，通过组织变革和管理创新，实现了惊险的跨越。

很多企业沉浸在成熟市场的繁荣以求精益求精，却忘记了真正为企业带来飞跃式发展的是跃迁式创新而非渐进式创新。通过主动制造机会缺口，企业逼迫自己打破舒适圈，跳出熟悉的市场和业务模式，去洞察外部环境的变化并寻找新兴市场的巨大商机，是 BLM 提出双差分析的巨大价值之一，对很多企业有醍醐灌顶之效。

BLM 的双差分析，就是从二元组织角度重新思考企业成熟业务和新兴业务的不同战略和打法。通过业绩差距分析和机会差距两个维度的分析，持续寻找成熟市场和新兴市场的商机，并建立两个市场不同的关键能力。不将今天、明天、未来的事情混为一谈，才能做到吃到嘴里、守着锅里、种着田里这三部曲。

【作者感悟： 创新和变革只有起点永无终点】

如图 2-2 所示，2020 年恒瑞医药营业收入 277.35 亿元，归属于母公司所有者的净利润（以下简称归母净利润）63.28 亿元，取得自公司成立以来最佳业绩。2021 年该公司实现营业收入 259.06 亿元，同比下降 6.59%；归母净利润 45.3 亿元，同比下降 28.41%。这是恒瑞医药上市二十多年来首次出现营业收入和净利润双降的情况。2022 年公司营业收入 212.75 亿元，同比下降 17.87%，归母净利润 39.06 亿元，同比下降 13.77%，连续两年取得负增长。应了我们的一句老话："人无千日好，花无百日红。"

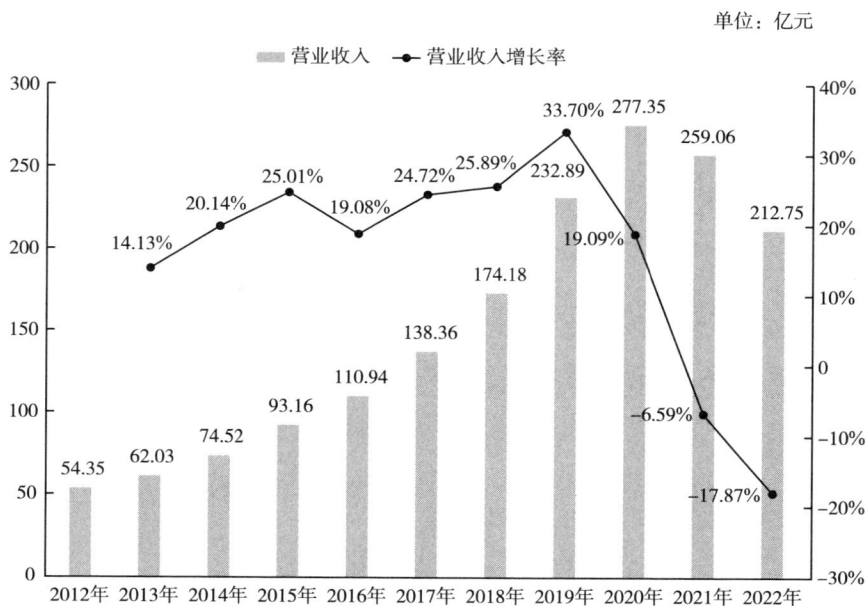

图 2-2 恒瑞历年营业收入对比分析图

恒瑞的业务下滑，既有外部因素的影响，如传染病导致医院肿瘤类、麻醉类、造影剂类用药的减少，但更重要的原因是该公司似乎也无法摆脱成功者的窘境。就似迈克尔·塔什曼教授所言，曾经的王者在成熟市场所构建起来的竞争优势，当面对新时代的到来时，往往会从优势资产转变为埋葬自己的负债。

恒瑞在过往十年的快速崛起使该公司通过跃迁式创新实现了生物进化，完成了中国药企从原料药供应商向仿制药品供应商的转型。从 2018 年开始，国家医疗保障局（以下简称医保局）先后开展了四批国家药品集中采购，以切实缓解患者看病难、用药贵、负担重的问题，进入医保集中采购名录的仿制药占据了大部分。比如，在 2018 年，恒瑞有 18 个品种中选医保集采名录，中选价平均降幅 73%。

全球化学药品市场大致分为原研药、改良型新药、仿制药、原料药四大阵营。长期以来，恒瑞 60% ~ 70% 的营业收入和 80% 以上的利润来自仿制药和改良型新药，随着国家医药集采政策的持续推进，仿制药和改良型新药产品必然从之前的高毛率变为薄利产品。恒瑞想改变当下的困局，只能向原研药进军。

原研药从研发到上市需要经过 5 000 ~ 10 000 个化合物筛选，然后再进行临床前研究，以及 I 期、II 期、III 期临床研究，成功后方可注册上市，上市后还要进行IV期临床研究。整个流程下来花费至少 20 多亿美元，且耗时长达 10 ~ 15 年时间，成功率不到 10%。

原研药的阵地，长期以来被一些发达国家的药企牢牢占据，没有强大经济实力和研发能力的企业压根无法染指。谁能摘得这颗化学制药皇冠上的明珠，谁就进入了全球化学药企的第一梯队。

成为真正意义上的原研药企业，不仅仅对于恒瑞，是中国所有药企实现跃迁式创新的唯一方向。

第三节　对标管理让差距可视化

BLM 将差距分析区别为业绩差距和机会差距，是为了强调企业无论参与成熟市场还是新兴市场的竞争，都要不断弥补自己的短板以赢得竞争优势。在差距分析时很迫切且现实的一个问题是，如何让整个组织有强烈的不满意感？

通过对企业的观察研究，我们发现那些从激烈的市场竞争中脱颖而出的企业，往往有以下两个共性：一是企业家为企业设立崇高使命和宏伟愿景，激发员工内心最强大的成就欲望；二是有效采用对标管理工具，使得差距可视化，让员工产生强烈的不舒适感，而后奋起直追。

就以顺丰控股为例，与国内的物流企业相比，顺丰控股员工不由自主地产生一览众山小的自豪感。但当看到国际上如 UPS 的人均营业收入、人均利润等指标时，才发现强中更有强中手，一山更比一山高，巨大的落差让公司上下无比清醒，迅速跳出舒适圈并迎接新的挑战。

毫无疑问，对标管理是进行差距分析的最佳方法。就像男子一百米跑比赛，世界纪录就摆在面前，优秀运动员的目标就是不断地打破世界纪录。企业只要选择与行业最佳乃至全球最佳的经营数据进行对标，让差距可视化、可衡量化，就一定可以深切地激发起组织当中绝大多数个体追求进步和不甘落后的热情。

对标管理的鼻祖是美国施乐公司（以下简称施乐）。1979 年前后，一直保持复印机世界一流并具备垄断地位的施乐公司，发现自己的市场占有率从 49% 断崖式下跌到 22%，究其原因是日本企业的崛起。同类产品在市场上竞争，日本品牌的售价只有施乐的一半，可质量相当。

面对现状，施乐立即组织了一个调查小组兵分两路：一路人马留在美国本土深入到市场一线，向客户了解施乐产品和日本公司产品的差别，为什么忠实的老客户纷纷转投了日本企业的怀抱？另外一路人马飞到日本，他们不仅去了有合作关系的富士公司，也去了其他几家很有实力的竞争对手公司，实地了解日本人做复印机有何不同。

两路人马的调查报告使施乐高层确信，施乐的产品设计、质量控制、生产销售、客户服务等诸多环节，与日本企业都有差距。之后，施乐重点分析那些明显落后于日本企业的经营指标，并将日本企业的指标定为最佳标杆，鼓励公司员工想方设法追赶乃至超越。

差距悬殊的数据就摆在眼前，施乐员工的干劲被瞬间点燃，第一次对标改进项目完成后，施乐复印机的产品开发周期缩短了 25%，制造成本降低了 50%，产品开箱合格率从 92% 上升到 99.5%，人均创收增加了 20%。经过持续的标杆管理，短短的两年后，在复印机全球市场六大类产品中，施乐有四类产品位列可靠性和质量世界一流。施乐在高质量的同时又拥有了价格优势，市场占有率快速回升。不仅如此，施乐也成为第一家从日本手中重新夺回同类产品市场占有率第一的美国大型企业。

美国的杜邦、通用电气、福特、IBM 等公司深受施乐标杆管理的影响，纷纷效仿对标管理，从新产品开发、市场营销、成本管理、质量管理、供应链整合、工艺制造、流程改进等领域大力推行标杆管理，并获得了丰硕回报。1998 年 IBM 进驻华为启动的第一个咨询项目就是对标管理，主要分析华为新产品开发与行业内外最佳企业实践的差距所在。

从我们众多的咨询案例来看，真正发挥效果的差距分析方法是建立了三个梯次：一是自己和自己比（双差分析）；二是自己和行业领先者比（行业对标管理）；三是自己和全球最佳实践比（卓越对标管理）。下面我们分别介绍这三个梯次的主要分析方法和重要衡量指标。

一、自己和自己比（双差分析）

企业经营目标与实际经营成果的对比分析是差距分析的第一个梯次，主要是业绩差距和机会差距。

1. 业绩差距

计算公式可简单地表示为，业绩差距 = 上一期实际绩效结果 – 上一期绩效目标。观察指标主要内容，见表2-2。

表2-2 业绩差距分析表

序号	观察指标	绩效目标值	绩效结果值	差距及分析
1	营业收入 / 销售收入			
2	采购成本			
3	库存金额			
4	订单收入			
5	应收账款			
6	现金流			
7	产品单位成本			
8	客退不良率			
9	人均销售收入			
10	人均利润			
11	产品平均毛利率			
12	关键流程优化率			

绝大多数的企业最关注的是营业收入、利润、净资产这三个指标，常常用来观测企业发展情况，以及评价管理层的业绩绩效。

明眼人会发现，表2-2中的观察指标，并不是只看收入、利润、资产，而是将重点放在前六个指标上。稍微有点财务经验的人员都清楚，对于利润和净资产指标，人为可调整的弹性空间实在是太大了，但营业收入 / 销售收入（代表已获得的收入）、采购成本（可计算出企业毛利判断产品附加价值）、库存金额（变现能力）、订单收入（企业现在及未来的市场收入状况）、应收账款（资金管理能力）、现金流（企业支付能力）这六个相对刚性的指标数据上，由于它们之间有非常缜密的内部逻辑，很难对某一个数据作假而不在另一个数据上露出破绽。只要控制好这六个关键数据，就能持续给内部运营以压力，通过强化执行力来提升运营绩效并改善业绩差距。

2. 机会差距

机会差距是指企业主动创造的业绩缺口，是面向未来全新市场重新进行业务设计，是开辟全新航道的变革之举措。

机会差距的分析方法目前尚没有统一共识的工具及方法，依据我们的咨询实践，认为以表 2-3 所列是有效的机会差距分析方法。

表 2-3　机会差距分析表

序号	观察指标	未来目标值，如 3 年后	当前完成值	差距及分析
1	新产品销售收入			
2	新产品营业利润			
3	新产品平均上市周期			
4	新产品平均毛利率			
5	新业务市场占有率			
6	销售区域覆盖率			
7	总投资 / 融资金额			
8	关键岗位满足率			
9	硕 / 博士人员数量			
10	新产品上市成功率			
11	在研产品目标成本偏差率			
12	核心人才愧惜流失率			

机会差距是为新市场、新产品、新客户寻找突破点和增长空间。机会差距所锚定的问题点，并不能立即改善当下的营业收入和利润，却决定着企业三五年之后的命运。

二、自己和行业领先者比（行业对标）

自己和行业领先企业的对比分析是差距分析的第二个梯次。志邦家居（603801）在这方面做得很有特色，也取得了不俗的市场表现。

志邦家居成立于 1998 年，2005 年进入中国厨卫行业前三十名，2007 年跻身中国厨卫行业第十名。2017 年，志邦家居在上交所上市，当年营业收入位列全行业第五名。2019 年家居定制行业由于受房地产下行的影响，整个行业增长乏力，不少企业出现了负增长。而志邦家居却逆势而上，2020 年营业收入同比增长接近 30%，利润也增长 20% 以上，行业排名也上升到第四名（见表 2-4）。2022 年，志邦家居的营业收入首次进入行业前三甲。

表 2-4　2020 年九大定制家居上市企业财报业绩表

序号	企业名称	营业收入（亿元）	营业收入同比增长率（%）	归母净利润同比增长率（%）
1	欧派家具	147.40	8.91	12.13
2	索菲亚	83.53	8.67	10.66
3	尚品宅配	65.13	−10.29	−80.81
4	志邦家居	38.40	29.65	20.04
5	金牌橱柜	26.40	24.20	20.68
6	好莱客	21.83	−1.88	−24.25
7	皮阿诺	15.84	18.93	42.56
8	我乐家居	14.94	1.51	12.40
9	顶固集创	8.72	−6.17	−72.09

定制家居行业，全国有近 5 万家企业，其中规模以上生产企业就有近 4 000 家，这是一个充分竞争且企业生存维艰的行业，而当中规模最大的前九家中，广东占了五家，其余大多位于上海、厦门这样的沿海沿江发达地区。志邦家居的总部在安徽省合肥市，是唯一的一个内陆城市。该行业中绝大多数企业的创始人毕业于"985"和"211"名校，硕士研究生也不稀奇。而志邦家居的两位创始人孙志勇先生和许帮顺

先生，只有初中学历，最早从给普通家庭手工打造橱柜开始创业。他们没有雄厚背景和耀眼学历，也没有选择更易创业成功的沿海沿江城市，为什么志邦家居在竞争激烈的定制家居行业一路杀出重围，昂首迈进了行业第一梯队呢？

根据观察，志邦的两位创始人是典型的使命驱动型和学习型企业家。他们不仅为志邦家居立下远大的使命和愿景，更在企业内部创造真正的学习型组织。令人印象深刻的是，志邦家居内部常年坚持对标管理，永远向行业最优秀者看齐并努力超越。

志邦家居对标管理通常选择三个维度：一是财务维度。采用效率性指标，如销售收入、利润总额、人均销售收入、平均单店年营业收入等。志邦家居选择排名比自己靠前的企业进行分析研究，以行业最佳为牵引指标设立本企业下一年的追赶目标。二是客户维度。采用多种方法组合的客户满意度调查，向客户征求产品在设计、材料、颜色、价格、安装、质量、易用性等方面的优劣势，倾听客户对于友商产品和志邦家居产品的优劣对比分析。同时，志邦家居内部建立专业的团队，聚焦于优秀的竞品进行对标分析研究。三是内部管理维度。从流程、组织结构、文化、人才、绩效激励、内控等角度评判自身企业与对标企业的差距，并制定详细的评价标准和改进方案。

在志邦家居，无论是产品设计、渠道建设还是人才激励，他们眼中紧盯的永远是比自己更大更强的企业。通过对标管理，企业将更高的经营管理指标设置为组织目标、团队目标和员工个人绩效目标，使整个企业被一只无形的手紧紧地向上牵引。既然别的公司都做到了，志邦家居也一定行。正是基于与行业标杆的对标管理，志邦家居内部形成了强烈的危机意识和员工上进心，让志邦家居从一个名不见经传的手工小作坊，从行业前三十名一直到名列前茅……攀登高峰，永无止境。

三、自己和标杆比（卓越企业对标）

自己与全球最佳企业的最优实践对比分析是差距分析的第三个梯次。这样做的企业并不多，但总有企业朝这个方向努力，如维沃公司。

2008 年 8 月，我们开始为广东步步高电子工业有限公司（维沃公司前身）提供 IPD（集成产品开发）新产品开发流程的咨询服务，当时该公司年营业收入 20 多亿元。由于咨询效果非常好，2009 年我们又马不停蹄开展了第二期咨询业务，主要是技术开发流程。

我们发现公司每一位研发工程师的桌面上都放着这样一张表格（见表 2-5），即步步高手机九大核心价值，当时深感震惊。一个刚刚进入手机行业没几年的公司，一上来就直接对标苹果、三星、索爱、诺基亚这类全球最顶尖的公司，且将最顶尖企业最牛的技术优势当成每一位研发工程师学习和超越的目标。

表 2-5 2009 年步步高手机九大核心价值

序号	项　目	标杆品牌
1	通话效果	诺基亚
2	UI 人性化	苹果
3	工业设计	苹果、三星、诺基亚
4	音乐	索尼
5	拍照效果	索爱
6	显示效果	三星、苹果
7	待机时间	诺基亚
8	产品精细度	三星、苹果
9	耐用性	诺基亚

1995 年步步高电子公司在广东东莞长安镇成立，主打产品是固定电话，当时已成为名副其实的行业第一品牌。后来公司洞察到手机将成为未来最重要的移动

通信工具，就进入了移动电话领域，并在音乐手机这个细分领域建立了领导地位。2007 年苹果手机的横空出世，让公司管理团队强烈地预感到一个全新的移动世界即将到来。可殊不知，智能手机几乎是电子消费市场技术壁垒最高、竞争最激烈的市场，要想最终杀出重围傲立江湖，依靠的不是某一点上的竞争优势，而是技术、产品、营销、运营、供应链等全系统的强大实力，首当其冲的就是手机的各个核心技术领域。对标诺基亚的通话效果，对标苹果的 UI（界面）设计，对标索爱的拍照等，维沃公司就这样一点点提升着自己的技术能力。2011 年 11 月，维沃公司发布首款智能手机 Vivo V1；2021 年，维沃公司年营业收入超过 2 000 亿元，位列全球手机销量第五名；2022 年，进驻 60 多个国家和地区，全球用户覆盖达 4 亿人，成为全球领先的个人智能终端制造商和移动互联网服务商。

维沃公司的成长史说明，与全球领军企业进行对标管理，并不是待自己强大了才去做。恰恰是在公司还比较弱小的时候，就要让每位员工都记住行业标杆的名字，激励大家朝这个目标努力攀登。套用迈克尔·塔什曼在《创新跃迁》书里的一句话："对于那些现实业绩已经非常不错的组织，管理者必须通过主动催化危机，人为制造出缺口。"我们在维沃公司身上看到了这句话在企业内的实践。

除了对标管理工具，客户需求价值转移分析正在成为未来最重要的差距分析方法。随着中国经济实力和技术水平的快速提升，越来越多的企业不仅成为中国第一，也将成为世界一流。当这个时代到来时，跟随战略立马失效，产品和服务也没有可对标的对象，企业眼里只能盯着市场和客户需求的变化，以全新的技术手段颠覆过往的产品和服务，那是又一个完全崭新的新世界。

双差分析用最真实、客观、冷酷的数据，让企业深切感知到自己的差距和弱点，促使企业从战略设计和战略执行的方方面面去寻找出路。BLM 将卓越战略 + 卓越执行的起点，定义为差距分析，是管理逻辑的顺理成章。

【工具箱： 差距分析重点内容归纳】

1. 不满意是对现状和期望业绩之间差距的一种感知

（1）业绩差距是现有经营结果和期望值之间差距的一种量化的陈述。

（2）机会差距是企业主动创造的业绩缺口，是现有经营结果和新的业务设计所能带来的经营结果之间差距的一种量化的评估。

（3）业绩差距常常可以通过高效的执行填补，并且不需要改变业务设计。

（4）填补一个机会差距却需要有新的业务设计。

（5）无论是何种差距，背后的原因往往是能力不足，需要识别。

2. 差距产生的三大主要原因

（1）战略方向误判：外部环境发生变化，导致企业在战略规划阶段所进行的业务设计，逻辑关系已不存在（企业对外部环境的变化缺乏足够的敏锐力和适应性）。

（2）战略执行能力薄弱：组织结构、关键流程、人员能力、文化氛围无法满足关键任务要求，执行力大打折扣（组织能力薄弱，无法承接战略任务）。

（3）领导力弱：团队遇到困难时，无法找到正确路径（领导者缺乏统筹战略到执行的全过程的能力）。

第三章 战略设计及共识

战略设计是企业通过收集信息，分析预判未来市场发展趋势，以及客户需求变化，寻找最有利于企业发展的商业机会，并思考、制定一系列的策略方针以实现商机。

面对复杂且快速变化的外部环境，BLM 所讨论的战略设计，更加强调建立以客户为中心的战略设计思想，解读客户偏好和分析价值链转移趋势，通过差异化的创新构建企业的核心竞争力。而精心设计的业务组合和业务设计是战略规划的集大成者和最终落脚点。战略设计不是企业个别领导者独自对未来发展的预判规划，而是核心团队集思广益下对企业发展蓝图的共识。

第一节 在不确定性中寻找商业机会

今天的中国企业，战略已然成为一个核心关键词。我们曾为中粮集团、恒顺醋业、河南中烟、漓泉啤酒、天津春发等企业做过 IPD（集成产品开发）和绩效管理咨询，发现这些企业并不过多讨论战略问题，而是将主要精力放在品牌管理、质量管理、渠道建设、产品管理等方面。而我们另外一些咨询客户，如海尔集团、维沃公司、特变电工、三维通信、志邦家居、达安基因、金卡智能、南方路机、振德医疗、傲雷集团等，企业高层团队会花非常多的时间和精力来研讨做什么和不做什么。

对于食品、烟草等行业，客户需求相对稳定，产品配方及工艺通常比较成熟，基本不存在技术变革导致行业发生颠覆性变化的情况。因此，企业的核心命题不是业务方向的选择，而是如何加强产品的美誉度。而类似 ICT（信息通信技术）、芯片、智能设备、电子产品、医药、软件等行业，每隔几年就会出现颠覆性技术，加之快速的市场变化和客户价值需求变化，导致原有的市场常常陷入重新洗牌的严峻环境。企业一旦出现产品定义、技术路线等方向性错误，几乎就被判了死刑，这样的案例已数不胜数。

因此，BLM 更适用于业务发展显现高度不确定性的行业。这些行业的企业，面对快速变化和复杂的外部环境，只有确保战略方向大致正确了，企业才有活下去的资格。

关于什么是企业战略，各种学派的定义五花八门，并不存在绝对正确的标准答案。对于 BLM 而言，战略制定模块吸纳了美国从 20 世纪 60 年代至今战略管理领域最有价值的理论、方法论和工具。了解这段历史是更好地理解和使用 BLM 的前提。

1964 年，现代管理学之父彼得·德鲁克写了一本书，原定的书名是《企业战略》。出版之前，德鲁克和出版商向一些熟识的人，包括企业管理者、咨询顾问、管理学的教授和书店老板征求对书名的意见，结果大家都反对用这个书名。德鲁克听到的最多劝告是战略属于军事词汇，或许能用在政治运动上，但跟商业不搭边儿吧。最终，这本德鲁克诸多著作中唯一论述企业战略管理的书籍，以《为成果而管理》的名字出版。书中，德鲁克认为战略规划者面临的问题不是规划企业在未来应该做什么，而是当前必须做什么才能准备好迎接不确定的未来，因此，他提出："一项经济活动任务包含三个维度：一是必须提高现有业务的运营成效；二是必须辨识出企业的潜能并使之发挥作用；三是必须对企业进行更新以创造一个全新的未来。这三个维度是不可分割的，企业必须三管齐下，而且它们都是今天的任务。未来不是产生于明天，而是产生于今天，未来多是由与今天的任务有关的决策和行动创造的"（选自德鲁克《为成果而管理》）。

1965 年，卡内基梅隆大学教授伊戈尔·安索夫出版了《公司战略》，书中首次提出了企业战略这个概念，并认为企业战略的实质是四种因素（现有产品、未来产品、现有市场和未来市场）的合理组合。以安索夫名字命名的安索夫矩阵直到今天仍是被广泛使用的战略管理工具。

战略二字，长期以来在人们的印象里就是军事用语。为什么企业战略管理这个词，在 20 世纪五六十年代并不被人们所接受，时至今日却成为企业最重大议题呢？其原因只有一个，今天的商业世界，是另外一场看不见硝烟的战场。

美国学者莎拉·凯斯勒一直研究传统职业的终结，以及工作的未来可能性，在她的《零工经济》一书中，给出了美国一些企业的寿命数据：20 世纪 20 年代，美国标普 500 强企业的平均寿命是 67 年；到了 21 世纪，美国标普 500 强企业的平均寿命下降到只有 15 年。

20 世纪六七十年代，日本和德国科技型企业的崛起，某种程度上削弱了美国企业一家独大的市场格局，直接催化了美国经济学界和管理学界对企业竞争模式的研究。1980 年，哈佛商学院教授迈克尔·波特的《竞争战略》横空出世。波特认为，如果没有竞争，就不存在战略。企业战略的核心应在于选择正确的行业，以及行业中最具有吸引力的竞争位置。波特所强调的正确的行业，其实就是规模更大的行业、未来增长更快的行业、利润更高的行业，以及竞争不太激烈的行业。波特所创立的行业结构分析模型（五力模型）和三大竞争战略（总成本领先战略、差异化战略、专一化战略），深刻地影响了美国乃至全球的企业家。

1989 年，美国密歇根大学商学院教授普拉哈拉德，联合伦敦商学院的教师加里·哈默尔在《哈佛商业评论》上发表了"企业核心能力"一文。他们认为，现代市场竞争与其说是基于产品的竞争，不如说是基于核心能力的竞争。企业的经营能否成功，已经不再仅取决于企业的产品、市场的结构，而更取决于其行为反应能力，即对市场趋势的预测和对变化中的客户需求的快速反应。因此，企业战略的目标就在于识别和开发竞争对手难以模仿的核心能力。

2000 年前后，亚德里安·斯莱沃斯基与人合著的《发现利润区》书中首次提出了企业盈利的 22 种模式，并认为越来越多的企业将步入长期的持续低利润和低增长期。斯莱沃斯基强调过往企业认为高市场占有率就能获得高成长和高利润，是一个过时的错误观点。在高度不确定性的今天，企业的战略管理应该是动态且变化的，企业应该以客户和利润为中心来重构企业设计。

我们回头再来看德鲁克《为成果而管理》中所提出的企业战略的论述，就能理解为什么德鲁克被人们称为现代管理学之父。无论是波特、普拉哈拉德还是斯莱沃斯基，他们在企业战略管理理论方面的创新和取得的重大成就，本质上都是对德鲁克所定义的机会导向型战略思想的进一步发展。德鲁克认为，成果不在企业内部，而存在于企业外部。也就是说，成果取决于企业外部的人，即市场经济中的客户。创造且满足客户需要，才是一个企业（机构）的宗旨和使命。德鲁克进一步对企业家进行了忠告，成果的实现是靠不断发现新机会，而非解决老问题。

所谓机会导向型战略思想是指企业家要摒弃投机理念和短期行为，把精力放在洞察市场变化和客户价值转移研究上，发现未来市场的需求，将资源投在创造机会的能力上，并实现之。

BLM 的战略制定模块中有大量的方法论和管理工具，吸纳了从 20 世纪五六十年代到 21 世纪初期，近六十多年来最主要的企业战略管理思想。毫不夸张地说，BLM 的战略模块是企业战略管理理论及工具的集大成者。

BLM 作为 IBM 开发、华为体系化引入的战略管理工具，对中国企业在全球化竞争、产业升级与数字化转型等关键阶段具有重要价值。中国企业在高速增长期普遍依赖企业家直觉来捕捉市场机会，但随着更多的企业从跟随者向领跑者转型，在高度不确定的市场环境下寻找新机会反而成了越来越多企业面临的重大挑战，暴露出战略与执行脱节、资源分散、跨部门协同低效等问题。BLM 中的诸多战略管理思想、方法论及工具的确给我们提供了极好的学习方法和提升路径。

【工具箱： 常用的战略管理工具】

（1）PESTSL 模型。研究宏观环境变化趋势的分析工具。P（政治因素）、E（经济因素）、S（社会因素）、T（技术因素）、S（环境因素）、L（法律因素）。

（2）波特五力模型。由迈克尔·波特于 20 世纪 80 年代提出的行业竞争力分析模型。五种力量分别为进入壁垒、替代品威胁、买方议价能力、卖方议价能力及现存竞争者之间的竞争。

（3）BCG 矩阵。一种进行细分市场研究的管理模型，由于是波士顿咨询公司创始人布鲁斯·亨德森首创，又称波士顿矩阵。该矩阵通过企业产品销售增长率和市场占有率两个维度，来思考和选择企业的目标细分市场。

（4）GE 矩阵。在借鉴波士顿矩阵的基础上，GE 公司在 20 世纪 70 年代开发了 GE 矩阵，以指导集团的细分市场研究和投资组合分析。GE 矩阵无论是在行业吸引力还是企业实力，都进行了更加全面深入的多要素的分析，使用更多的衡量指标来分析判断产业机会与企业实力的匹配关系，以寻找最优的细分市场。

（5）$APPEALS 工具。被业界广泛采用的客户需求管理工具。$（产品价格）、A（可获得性）、P（包装）、P（性能）、E（易用性）、A（保证度）、L（生命周期成本）、S（社会接受度）八个要素来分析客户需求，做好产品定义。

（6）KANO 模型。由狩野纪昭于 20 世纪 80 年代提出的客户需求分类和优先排序管理工具。该工具所提出的基本型需求、期望型需求、魅力型需求、无差异性需求、反向型需求，被广泛应用在消费类产品的需求分析工作上。

（7）SWOT 分析。由海因茨·韦里克于 20 世纪 80 年代提出的战略管理工具。企业通过对自身优势（S）和劣势（W）分析，结合外部环境的机会（O）和威胁（T），去寻找目标市场。

（8）安索夫矩阵。它也被称为产品市场扩张矩阵或者成长矢量矩阵，由伊戈尔·安索夫于 1957 年提出的管理工具。该矩阵以产品和市场作为两大基本面，形成企业成长的四种类型选择，即市场渗透战略、市场开发战略、产品开发战略、多样化战略。

（9）BMC 模型。它也被称商业模式画布，由亚历山大·奥斯特瓦德于 2008 年提出的商业模式，包括四个视角（为谁提供、提供什么、如何提供、如何赚钱）和九个模块（客户分析、客户价值、核心优势、关键业务、收入来源、渠道路径、客户关系、合作伙伴、成本结构）。虽然 BMC 是一种商业模式分析模型，但在实际工作中，该模型常常作为重要的战略管理工具使用。

第二节　从七个方面定义战略意图

1989 年，普拉哈拉德和哈默尔在《哈佛商业评论》上发表了"战略意图"的文章。两位学者将战略意图定义为一个雄心勃勃的宏伟梦想，不单是企业的动力之源，还能为企业带来情感和智能上的双重能量。从那时起，战略意图这四个字，被广泛应用，泛指企业中长期的远大理想。

BLM 采用了战略意图的核心思想，并将其用作企业短期、中期、长期战略目标的顶层设计，如图 3-1 所示。

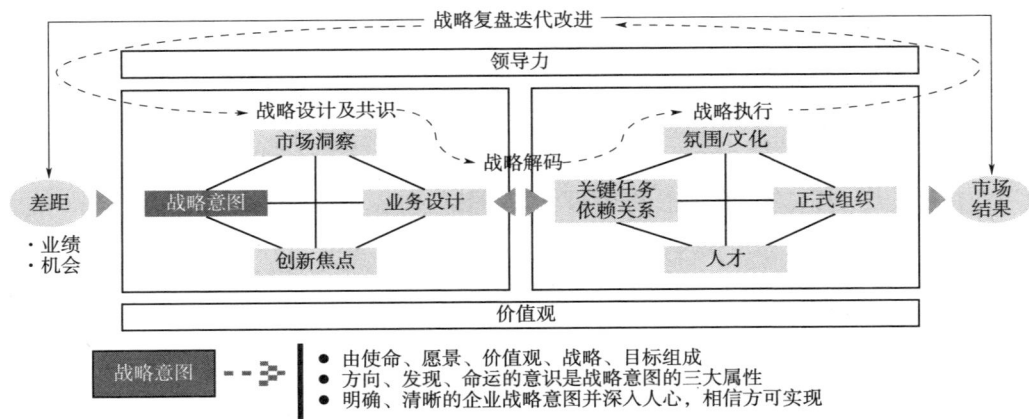

图 3-1　BLM 之战略意图

在 BLM 中，战略意图由使命、愿景、企业价值观、战略和目标这五要素组成：

（1）使命。它是企业存在的目的和理由。崇高、明确、富有感召力的使命，不仅为企业指明了方向，而且使企业的每一位成员明确了工作的真正意义，激发出内心深处努力工作的动机。

（2）愿景。企业一旦明确了使命，便会怀揣着成为行业佼佼者的长远愿景，以及认识到为了实现这个宏伟蓝图必须承担的责任和义务。

（3）企业价值观。为了实现使命，达成愿景，企业所坚守的行为原则。

（4）战略。企业愿景的实现，无法一蹴而就，而是一个阶段又一个阶段适者生存和胜者为王的结果。这种通过放弃、选择和聚焦的方式，阶段性调校并定义企业经营方向的工作，称为战略。战略通常包括企业定位、产品组合、核心能力，以及3～5年企业的中期发展规划等。

（5）目标。3～5年中期规划的实现，依赖于每一年、每一季、每一月、每一日的辛勤工作所产生的优良业绩。在 BLM 中，目标特指短期经营规划，企业通常以年度经营目标的方式出现。

什么是好的战略意图？普拉哈拉德和哈默尔在《公司核心竞争力》书中进一步描述了战略意图的三大属性：方向、发现、命运的意识。方向是指企业构建未来一个较长时间段（比如十年以上）所获得的市场地位和竞争地位，即我们要成为什么？发现是指在纷纭复杂的环境，以及市场的不确定中，找到企业在未来需要具备的独特竞争力，即我们应该干什么？命运的意识是指战略意图中的情感成分，它能够让员工感知人生的意义和价值所在，即我们看重什么？

在咨询实践中，我们总结出一个企业要想较好地定义战略意图的主要内容，需要对以下七个问题进行自问自答：

（1）我们是谁？我们以何谋生？

（2）我们来自何方？我们过去做对了什么，方拥有了今天的事业和地位？

（3）我们将去哪里？十年之后我们希望自己成为什么样的公司？

（4）我们有何不同？什么是我们独特的优势？何以见得？

（5）我们的劣势是什么？我们有什么措施可以弥补之？

（6）我们三至五年内的奋斗目标是什么？

（7）我们明年的奋斗目标是什么？

高质量地回答上述问题，绝对不是一件容易的事情。更重要的是，如何描述战略意图中命运的意识。

企业是由众多员工组成的利益共同体，企业在为客户创造价值的同时，也需要实现员工个体的理想和成就感。我们今天所能看到的行业领导者，在他们到达山顶并一览众山小时，那种胜利的喜悦往往是极其短暂的。他们经营企业的绝大多数时间，是面对当下和未来诸多不确定性时的迷茫，是面临各种困难挑战时的煎熬，以及常常涌现出的看到却做不到的无力感。企业一路走来，克服重重困难并最终穿越迷雾的路途中，是一代又一代员工将自己的命运紧紧与企业相连并相互支撑和相互成就。员工相信什么？为什么而奋斗？如何让企业与员工建立心灵契约？企业只有回答了上述七大问题，并在实现组织目标的同时也成就了员工的理想和抱负，才能够让员工坚信企业的战略意图，并心甘情愿拥有了与企业结成命运共同体的情感力量。

企业的战略意图之所以能得以实现，不是因为员工看到才相信，而是因为相信才能看到。

第三节　中国优秀企业的战略意图共性

通过对中外优秀企业的研究，特别是深度观察我们咨询过的企业，发现那些处于竞争最激烈的航道，却长期保持良性发展，并逐步成为细分行业领导者的企业，见表3-1。他们在制定战略意图时，表现为三个共性：一是以终为始，共创共享；

二是长期主义经营思想 + 短期绩效主义的相辅相成；三是有非常明确、清晰的战略意图描述并深入人心。

战略意图的五要素中，使命是回答企业做什么；愿景是回答通过长期奋斗企业希望自己达到怎样的高度；价值观是回答当企业和员工面临利益冲突时如何选择；使命、愿景和价值观是回答企业的终极目标，这在某种意义上也代表企业创始人对哲学三问的思考。细观表 3-1，海尔集团、维沃公司、阳光电源、中集集团等多家企业，不约而同地将成为全球领先企业作为自己长期奋斗目标。通过几十年不懈努力，这些企业不仅成为中国细分市场的领先者，有些已成为世界级的优秀企业。这种以终为始的逆向思维模式，通过建立宏伟远景，凝聚奋斗力量，可以最广泛吸引最优秀人才，并激励组织里的每个人自动自发地为终极目标奋斗不息。

深圳傲雷科技在移动照明领域，不仅是中国第一，更做到了世界一流。傲雷科技在短短十余年时间迅猛发展，是在坚守长期主义经营理念前提下，重视短期经营目标的实现，二者之间相辅相成。傲雷科技内部有一份"集团长期主义宣言"，共计十二条，主要内容包括不透支客户信任，尤其不伤害客户换取业绩增长；不追求简单的眼前利益最大化，而是追求确保对未来战略投入前提下的利益最大化；不杀鸡取卵，涸泽而渔；不急功近利，拔苗助长；不盲目扩张；不沉迷于随性与忙乱不能自拔等。

真正做大做强且做长久的企业，均是长期主义者，有自己对原则的信仰和坚守，如客户第一、奋斗成长、共建共享等，但他们的长期主义其实是落实在短期的经营目标当中的。我们观察到表 3-1 中的这些企业，无一例外地都非常重视年度绩效管理，将客户满意、员工成长、股东回报这些长期主义原则，具体分解为每一年需要达成的经营管理目标，并持续进行管理和优化。

表 3-1　企业的使命、愿景和价值观

企业名称	所属行业	企业使命	企业愿景	企业价值观
海尔集团	家电	引领生态经济；以无界生态共创无限可能；与用户和生态伙伴共筑美好生活与产业发展	成为全球领先的美好生活与数字化转型解决方案服务商	顾客至上、员工第一、社会责任、持续创新
维沃公司	通信	为客户，创造一流的产品；为员工，营造快乐进取的氛围；为伙伴，建立互信共赢的平台；为股东，提供长期稳健的回报	成为更健康、更长久的世界一流企业	本分、设计驱动、客户导向、学习、团队
阳光电源	电源设备	让人人享用清洁电力	成为清洁电力转换技术全球领跑者	诚恳务实、严谨开放、成就客户
士兰微	半导体	努力成为最优秀的半导体集成电路设计与制造企业之一	为每一位客户提供满意的产品和增值的服务；为员工提供成长发展的空间；为股东实现投资利益最大化；通过劳动创造财富，真诚回报社会	诚信、忍耐、探索、热情
新特能源	多晶硅新能源	让新能源新材料开启新生活，照亮新未来	推动硅基新能源发展；成为卓越的绿色智慧能源服务商	可靠
金卡智能	仪器仪表	金卡智能，让生活更美好	领先的公共事业数字化解决方案供应商	以客户为中心，以奋斗者为本，推动行业数字化升级，持续为客户创造价值
振德医疗	医疗器械	让健康生活触手可及	专业、创新，给每个人可感知的高品质健康服务	客户至上、变革创新、共享成功
志邦家居	装饰定制	实现人们对家的美好想象	成为中国家居行业的一流企业；成为全球家居行业的领先企业	客户为先、成人达己、自我反思、守正行稳

　　很多人认为，战略意图应该是企业已经有一定规模和实力后，才开始进行建设。《华为基本法》主笔者、华为首席管理科学家黄卫伟教授曾说："一个企业的战

略意图不是在企业成长以后才形成的,而是在企业创立的时候,就已经埋在企业家的心底,优秀的企业都是这样。"黄教授通过自己近距离观察华为等优秀企业的发展,提出了上述观点。通过我们对企业的研究,也非常认同黄教授的观点。

【案例】

振德医疗,在 1994 年之前是一家濒临倒闭的乡镇企业,主打产品是很多人看不上眼的消毒棉签和纱布。时任这家公司销售科长的鲁建国盘下了该厂,成立了振德医疗用品公司,立志打造中国最优秀的医用耗材企业。鲁建国董事长带领团队用了不到 30 年时间将振德医疗建设为全球领先的医疗护理与防护用品供应商。

1993 年,年仅 31 岁的陈向东和 6 位同事放弃了国有企业的铁饭碗,下海经营并于 1997 年成立士兰微电子公司,他们发现这条道路异常艰难。集成电路行业的核心技术一直掌握在美国、日本等企业手上,士兰微投入巨资研发的 IDM(综合数据复用器)一直不能获得盈利,企业在夹缝中艰难生存。即使在最困难的时候,他们仍秉持诚信、忍耐、探索、热情的企业价值观,坚持独立自主、自力更生开发自己的核心技术,终于守得云开见月明,迎来了 IDM 大爆发的时机,企业也踏上了快速扩张的发展道路。

梦想的最终实现,并不是看到,而是相信!因此,企业成立之初就需要设立宏伟目标,清晰定义企业的使命、愿景、价值观、战略、目标,根据对外部环境和市场的洞察,将长期目标前瞻性地分解为中期战略,再务实地制定出短期目标。长期目标的指引,中期目标的审时度势和短期目标的高挑战性,组成了战略意图的基本盘。在此前提下,建立优秀的企业文化,源源不断地吸引优秀人才打造强大团队,去实现梦想和追求。

好企业就是好学校,它帮助员工寻找人生的意义和价值。每个人都希望自己的一生是有着重大价值和意义。而好的企业真正帮助员工同时实现人生三大目标：为客户创造价值、为社会造福、实现个人价值。企业将这三个重大命题融合为命运的意识。

战略意图模块是战略设计的第一个环节，是企业为自己描绘蓝图、标记关键里程碑和制定行为准则的过程。以终为始，共建共享；将长期目标与短期目标形成一个接一个的闭环；让战略意图深入员工的内心，形成心灵契约。做到了以上三点，就是一份优秀的战略意图。

第四节　通过市场洞察预判未来市场变化趋势

在第二章中，我们曾经重点介绍过 BLM 的起点是差距分析。普拉哈拉德和哈默尔定义战略意图有三大属性：方向、发现和命运的意识，再结合企业产生业绩差距和机会差距的原因，很容易理解，之所以产生差距，就是三大属性出了问题，即战略方向错误、执行能力薄弱、领导力和价值观出现了严重问题，如图 3-2 所示。

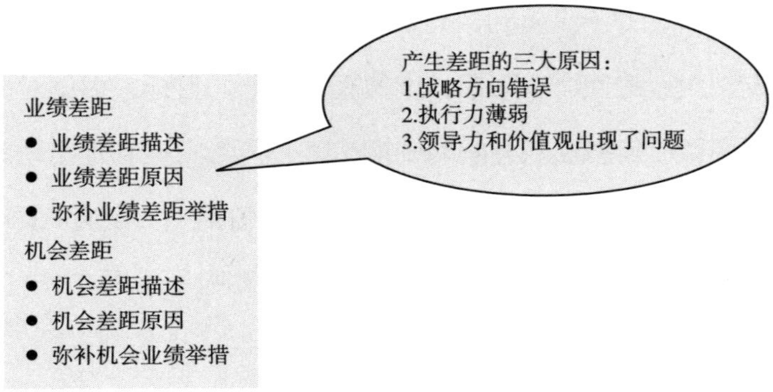

业绩差距
● 业绩差距描述
● 业绩差距原因
● 弥补业绩差距举措
机会差距
● 机会差距描述
● 机会差距原因
● 弥补机会业绩举措

产生差距的三大原因：
1.战略方向错误
2.执行力薄弱
3.领导力和价值观出现了问题

图 3-2　形成差距的三大原因

三大属性中，方向是第一位的。因此，双差分析后企业要做的第一件重要工作，是全面客观地洞察市场，研判企业是否真正看清了未来发展的方向，这就是BLM 中的市场洞察。

在 BLM 中，分析和判断外部市场的变化动向，以及客户价值转移趋势，寻找未来最有发展前景的细分行业和商业机会点的过程，称之为市场洞察。通过市场洞察，要尝试解释市场上当下和未来可能发生什么变化，以及这些变化对企业意味着什么样的机会和风险挑战，如图 3-3 所示。

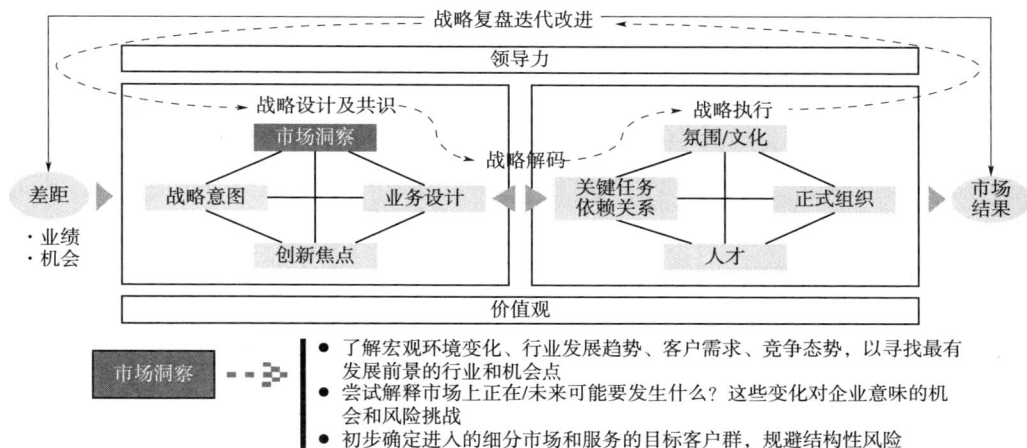

图 3-3　BLM 之市场洞察

关于市场洞察的方法论，IBM 主要是从三个角度来洞察市场：第一个角度看宏观、看大势，包括整个宏观环境的大势，以及企业所处行业的趋势；第二个角度看客户，具体分析客户的需求和痛点；第三个角度看竞争对手，分析市场竞争格局。华为在实践 BLM 过程中，发现 MM 流程中的"市场洞察五看"，是更好的洞察市场工具。在本书中，我们将重点介绍市场洞察五看的方法论，见表 3-2。

表 3-2　市场洞察五看

维　度	目　的	主要内容
看趋势 / 行业	价值转移趋势分析； 行业技术趋势分析； 识别重大利润区分析	（1）宏观经济趋势变化； （2）政策法规变化； （3）全球化 / 新进入市场者导致的格局变化； （4）降维打击，行业颠覆者的跨界； （5）行业变化趋势中的需求偏好； （6）突破性的新技术； （7）变化中的利润模式
看市场 / 客户	客户群体划分； 产品需求分析； 客户购买行为分析	（1）客户群体划分； （2）目标客户画像； （3）目标客户对产品的需求偏好及痛点分析； （4）目标客户关键购买因素分析； （5）目标客户面临的压力和挑战分析； （6）目标客户变化的趋势分析
看竞争对手	主要竞争对手分析； 竞争对手主流产品竞争力分析； 产品线商业模式分析	（1）按重要程度从高到低排序主要竞争对手名录； （2）各竞争对手的优劣势； （3）最有可能影响行业 / 竞争格局的对手及特点； （4）他们的目标市场和重大客户； （5）他们掌握哪些战略控制点； （6）近期他们主要策略及行动
看自己	经营状况分析； 产品竞争力分析； 核心优势分析； 短缺因素分析	（1）战略能力分析； （2）研发能力分析； （3）营销能力分析； （4）供应链运营能力分析； （5）财经管理能力分析； （6）组织管理能力分析； （7）质量流程、IT 信息化能力分析
看商业机会	市场吸引力分析； 企业竞争力分析	（1）市场规模分析； （2）市场增长率分析； （3）利润潜力分析； （4）市场战略价值分析； （5）企业的品牌、技术、成本、质量竞争力分析； （6）企业获取和保留优秀人才的竞争力分析

市场洞察五看的目的不是为了看，而是为了赢。外部环境的不确定性是永恒的，企业想清晰地识别出未来哪条路是康庄大道是一件极其困难的事情，一旦误入歧途，影响将是巨大乃至致命的。所以，市场洞察阶段的首要目的是规避结构性风险。只要规避了结构性风险，大的方向不出问题，即便小的方向有偏差或者前进的步伐慢一点，都有调整和校正的机会，不会导致出现一失足成千古恨的局面。

什么叫结构性风险？如何规避？图 3-4 所示市场洞察五看的框架图更加直观地说明这个问题。

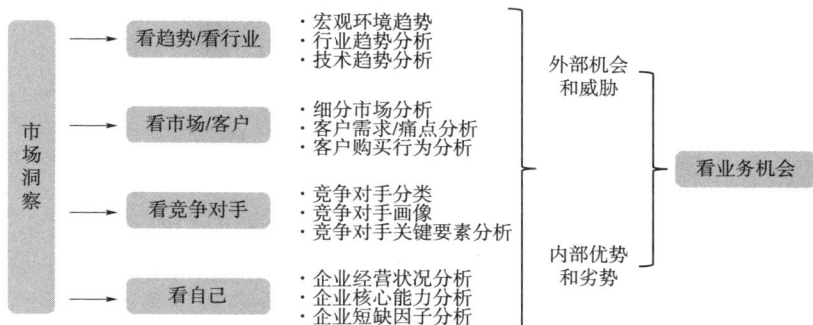

图 3-4 市场洞察五看架构图

（1）看趋势、看行业。它是大趋势分析研究，目的是找到最有发展前景的新兴行业。

（2）看市场、看客户。一个未来极有前景的新兴行业是由非常多的细分市场组成。看市场、看客户就是要找到能为我们带来最大价值的细分市场和目标客户。而我们能看到的别人通常也看到了，所以常常陷入兵家必争之地。

（3）看竞争对手。企业是发现了未来最具价值的细分市场和目标客户，绝大多数情况下我们看到的机会，很多企业也看到了。因此企业要想进入一个新市场，需要充分评估竞争格局的影响。

（4）看自己。对竞争格局的分析，不仅要看竞争对手，也要评估自己的优势和劣势，看到并不意味着能做到。知人者智，自知者明。

（5）看商业机会。通过对外部环境的机会和威胁分析（看趋势/行业，看市场/客户），以及内部优劣势分析（看竞争对手，看自己），找到市场发展前景好，而企业自身能力又能匹配的机会，就是最佳商机，如图 3-5 所示的 WO 和 SO 业务领域。

SWOT分析:细分市场的策略及目标

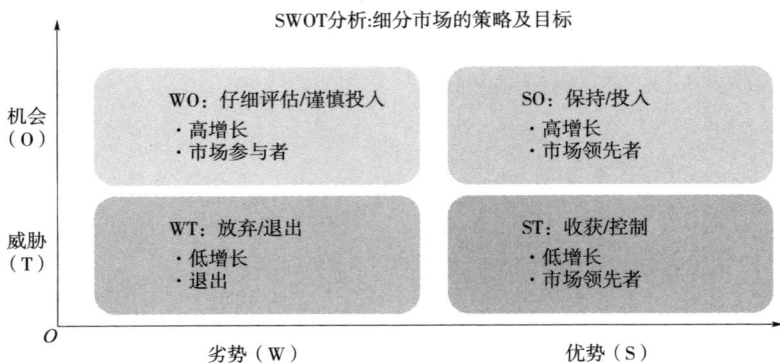

机会（O）	**WO: 仔细评估/谨慎投入** ·高增长 ·市场参与者	**SO: 保持/投入** ·高增长 ·市场领先者
威胁（T）	**WT: 放弃/退出** ·低增长 ·退出	**ST: 收获/控制** ·低增长 ·市场领先者
	劣势（W）	优势（S）

图 3-5 细分市场的策略及目标

利用 SWOT（优势、劣势、机会、威胁）工具，我们可以将商业机会进行以下分类：高优势低增长的 ST 业务领域、低优势低增长的 WT 业务领域、低优势高增长的 WO 业务领域、高优势高增长的 SO 业务领域。

任何一家企业在市场上竞争，都会面对四种业务领域：WT、WO、ST、SO。一个好的企业不能什么仗都要打，更没必要逢战必赢。比如，在 WT 领域，企业本身没有优势，行业又处于低增长状况，及时将企业宝贵的资源撤出来，投入到其他更有价值的地方才是正确的战略选择；在 SO 领域，未来将迎来行业的高速成长，且企业拥有明显的优势（如技术、品牌、产品、质量、成本、交货周期等），这是企业最大的战略机会点（企业一旦发现这类商机，就要敢于大投资，包括压强性投资以获得远高于行业平均增长速度的增长，并全力以赴成为市场的领导者）；在 WO 领域，行业未来也有大的发展空间，但企业能力和资源有限，做起来比较吃力（对于这个市场，要仔细评估要不要进入。即便是认为市场前景大好，也要谨慎地先选择一个细小市场来切入，做市场的参与者和跟随者，边进入边集结能力，在某个小口子上实现了突破，再扩大投入；一旦市场出现变化，就要及时止损）；在 ST 领域，行业未来可增长机会不多，但企业的优势特别明显（这种情况下，企业没必要高投入，只要保持市场平均增速就可以成为行业领先者）。

所谓结构性风险，就是没有找到 SO 和 WO 领域却将资源大量投向了 ST 和 WT 领域，这是明显的决策误判。要规避结构性风险，就是要正确评估四类市场，以及不同的战役模式，不要看错，不要有错误的策略。只要不犯结构性错误，就把握了市场的大方向，即使局部出现问题也不怕，无非是快和慢，但不会南辕北辙。

第五节　看趋势／行业——顺之者昌

"天下大势，浩浩荡荡。顺之者昌，逆之者亡。"这句名言不仅适用于国家的兴亡，同样适用于企业的兴衰成败。而市场洞察五看里的第一看，就是企业一定要看到顺之者昌的天下大势。

何为天下大势，即人类社会坚定而缓慢的发展趋势。《人类简史》和《未来简史》的作者尤瓦尔·赫拉利总结了人类历史上曾经发生的三次重大革命：认知革命、农业革命和科学革命。当下，第四次革命的号角早已吹响，以 AI（人工智能）、机器人技术、量子信息技术、虚拟现实、生物技术等为主的全新技术革命，即将深刻影响和改变人类社会。

所有的企业，无论是否愿意，终将被这次革命的浪潮所裹挟。一个新时代的到来，难免会让企业倍感挑战，然而大势是不以人的意志为转移的，除了顺应变化并积极拥抱趋势，别无选择。因此，企业战略规划的首要工作在于洞察大势。BLM 模型为企业家和管理团队提供了一个框架，能从宏观环境分析、行业发展趋势分析与技术发展趋势分析这三个维度出发，来分析并预判趋势的走向。

1. 宏观环境分析

宏观环境分析是第一个维度。它是影响一切行业发展和企业运行的各种宏观力量，包括政治、经济、环境等各类因素。对于宏观环境趋势分析的管理工具，首推 PESTEL（政治、经济、社会、技术、环境、法律）模型。

PESTEL 雏形始于 1967 年，哈佛经济学教授弗朗西斯·约瑟夫·阿吉拉尔在其著作《扫描商业环境》中提出了要从政治、经济、社会、技术等四个要素分析企业所处商业环境的变化，后来人在他的基础上进一步完善，增加了环境要素、法律要素，形成了当下大家普遍采用的 PESTEL 模型，见表 3-3。

表 3-3　PESTEL 模型

排序	英文	要素	定 义	主要要素
1	P	政治	对企业经营活动具有实际与潜在影响的政治力量和相关政策等	政策（监管要求）、政府更迭、体制变革、工会参与等
2	E	经济	企业外部的经济结构、产业布局、资源状况、经济发展水平及未来的经济趋势等	GDP（国内生产总值）变化、可支配收入水平、政府预算赤字、劳动生产率水平、消费模式、通货膨胀、汇率、股市等
3	S	社会	企业所处环境的文化传统、价值观念、教育水平、风俗习惯等	社会责任、民族文化、宗教、教育、出生率、社会事件等
4	T	技术	不仅包括那些引起革命性变化的颠覆性发明创造，也包括新技术、新工艺、新材料的迭代及应用	技术趋势、重大技术突破、破坏性技术推进、知识产权、产业链、行业标准等
5	E	环境	企业生产经营活动中与环境发生相互作用的要素	自然环境特点、清洁环境标准、环保意识、媒体关注、公众维权等
6	L	法律	所有影响企业生存发展的外部法律、法规等	劳动法、消费者保护法、知识产权法、国际贸易法、行业特定法规等

外部环境发生大的变化，是人们无法改变和控制的。但通过 PESTEL 分析，企业要做的是提前识别机遇和风险，并制定应对措施和备胎计划。比如某上市公司通过 PESTEL 模型研判现金使用将在未来的中国市场大量且快速萎缩，因此公司停掉了与现金相关智能设备的研发项目，将资源投入到人工智能、算法物联网等新产品领域。

宏观信息调研收集是一项特别繁杂且耗时耗力的工作，再强大的企业也不可能穷尽所有的宏观信息，做不好就成了花架子。企业在使用 PESTEL 模型过程中，不要漫无目的，要根据自身业务特点和战略规划方向，有的放矢地获取自己想要的重要信息。

2. 行业发展趋势分析

行业发展趋势分析是第二个维度。相同的宏观环境下，各行业的发展趋势和成长空间有很大不同。2019 年，对于绝大多数行业来说是痛苦的煎熬，但也让一些行业迎来了高光时期。比如振德医疗，2019 年营业收入 18.68 亿元，2020 年营业收入 103.99 亿元，同比增长 456.7%。新特能源，2021 年公司利润 49.55 亿元，2022 年利润高达 133.95 亿元，同比增长 170%。每个行业不仅有其周期性，而且还受到重大关键事件影响。对于企业而言，重要的是行业高低起伏中，企业是否看到了客户价值转移的变化，并提前锻炼自己的能力，当行业机会大爆发时，恰好你能紧紧地抓住它。

行业趋势分析研究远比宏观分析更重要。进行行业趋势研究常用的方法是价值转移趋势分析，该方法论认为任何一个行业都存在价值流入期、价值稳定期和价值流出期。行业价值流入阶段特点是市场需求旺盛且现有产品和服务无法完全满足需求，此时市场上有较高增长和高利润的机会；价值稳定阶段则意味着市场竞争基本格局已定，企业需要维持其在市场上的地位并保持稳定的利润率；价值流出阶段则是市场上的竞争加剧，激烈的价格战已是常态，企业要么不断提升运营效率来确保行业地位，要么考虑退出寻找其他更好发展空间的行业。

企业在使用行业价值转移趋势分析法时，就是要看到企业所处的行业发生了哪些变化，并尝试回答以下问题：

（1）行业价值链是否发生了变化？

（2）行业的高价值区是否发生改变？

（3）产业政策有哪些重大改变？将会带来何种影响？

（4）行业的规模是否发生变化？

（5）行业未来增长预期如何？

（6）行业的利润潜力如何？

除了回答以上问题，企业在进行行业趋势分析研究中，还可以使用波特五力分析模型来洞察行业发展趋势和竞争强度。

企业战略的核心在于选择正确的行业，以及行业中最具有吸引力的竞争位置。这是竞争战略之父波特再三强调的观点。波特通过对行业竞争力分析和商业战略研究，认为决定行业竞争强度和市场吸引力的有五种力量：客户的谈判能力、供应商的谈判能力、潜在进入者的威胁，替代品的威胁，以及来自同一行业的公司间的竞争，如图 3-6 所示。企业可以将波特五力形成一张表单，列明不同力量的代表企业及他们的行为，来进行行业发展趋势的分析和判断。

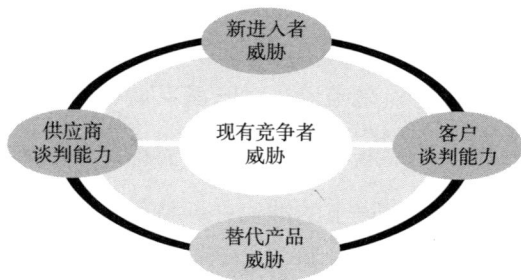

图 3-6　波特五力分析模型

3. 技术趋势分析

技术趋势分析是第三个维度。对于高科技企业而言，是否准确预判了未来技术的发展趋势，对企业命运而言往往是决定性的。

早在 1992 年，英特尔公司（以下简称英特尔）已经成为世界第一大半导体供应商，市值超过 1 000 亿美元，是芯片行业毫无争议的王者。但到了 2022 年，英特尔的市值仅有 1 500 亿美元，位列全球第七。

保罗·欧德宁 1974 年加盟英特尔，由于在市场营销方面的非凡战绩被一路提拔，于 2005 年起任职英特尔的 CEO。他是该公司历史上唯一一个非技术背景的 CEO。

2005 年，苹果的 CEO 乔布斯找到英特尔，想请这家芯片巨头为初代 iPhone 开发手机 CPU（中央处理器），最终欧德宁拒绝了乔布斯。无奈之下，乔布斯只能放弃 X86，转而依托 ARM 架构另做文章（注：X86 架构和 ARM 架构的主要区别在于设计理念、性能、功耗和应用领域。X86 架构是由 Intel 开发的微处理器执行的计算机语言指令集；ARM 架构是由 ARM 公司开发的 32 位精简指令集）。2007 年 6 月 29 日，搭载了三星设计的 ARM 架构芯片（SoC）的苹果手机惊艳登场，ARM 架构逐渐取代英特尔 X86 架构，成为智能手机的基础设施。欧德宁不知道，他拒绝了苹果不单单是丧失了与下一个技术周期最能赚钱公司的合作机会，而是错失了一个新的时代。

对于科技企业而言，选择技术路线犹如押注搏命。押对了，企业有可能从寂寂无闻晋升为巨头行列，而一旦押错宝，轻则伤筋动骨，重则企业陷入灭顶之灾。但企业对未来技术趋势进行分析，本身是一件非常困难的事情。某技术路线最终成为行业标准，不单纯是技术的先进性和工艺成熟有成本优势，还会受到产业格局、上下游生态甚至终端客户的影响，这是一个错综复杂多要素相互影响的过程。而那些押对宝的企业，除了技术实力，很多时候也是需要运气二字。对于行业趋势、技术趋势的分析研判，企业除了自己进行分析研究，很多时候也需要与第三方信息咨询机构、高校、研究院所等机构合作。

市场洞察五看的第一看，看趋势、看行业，很重要一点，方法论和工具（模型）的选择要有针对性，要围绕企业特点和所处行业的特性而选择合适的工具。有些行业是典型的技术引导型，就需要把技术趋势的观察放在第一位；有些行业深受国家政策影响，就需要深入研究宏观环境的变化；有些企业 50% 以上的销售收入来自海外市场，就需要对出口国家的政治、经济、法律、汇率进行深入分析。

由于 BLM 更适合于身处高度不确定性行业里的企业，对于他们而言，客户价值转移导致的行业发展趋势和技术发展趋势将决定性地影响企业的命运，需要企业尤其重视并重点分析研究。

总而言之，具有一定规模的企业，内部需要建立类似战略市场部这样的机构，将有技术和市场背景的人才组织起来，持续于宏观环境变化、行业趋势发展和技术趋势发展的观察研究，为企业未来的战略规划，提供高价值的意见和建议。一些更有实力的企业，还会常态化地与顶尖高校、研究院所、第三方信息咨询机构合作，进行行业趋势研究分析和前沿技术探索研究。以趋势为伍，是企业的必然选择。

第六节　看市场／客户——确定细分市场

看市场、看客户的主要目的是企业选择进入什么样的细分市场，以及为哪些目标客户群服务。企业通过有效的管理工具，将众多市场和客户群体按照若干要素进行划分，寻找高附加值的细分市场和目标客户群，并针对这个群体进行需求偏好和痛点分析，是看行业、看客户的最终目的。

市场细分就是企业按照某种标准，将市场上的客户划分为若干个客户群，每一个客户群构成一个子市场（即细分市场）。处于同一细分市场的消费群体通常具有相同或者相类似的需求，可以通过明确的产品和服务模式来满足，被称为目标客户群。比如对于医药行业可以大致分为医疗服务、医药研发生产、医疗器械研发生产、医药物流、医药零售等子领域。再接着细分，单单医药研发生产行业又可以细分为中药、化学药、生物医药、诊断制剂等子领域；再往下细分，化学药又可以分为原研药、改良型新药、仿制药、原料药等；进一步将原研药进行细分，又可以分为抗生素药、心血管药、抗肿瘤药等子领域。即便心血管药物，本身又是一个细分市场，还可以根据不同的客户群再无限细分下去。各行各业也类似于医药行业，可以按照某种标准不断地进行细分。

人类社会有着非常复杂的结构体系，包含社会组织结构、经济结构、文化结构、家庭结构、人口结构、教育结构等。比如，社会组织结构由社会团体、社会服务机构和基金会组成，起着组织、管理社会资源和解决社会问题的作用；家庭结构通常由血缘关系组成，分为男女老幼青等，但又深受文化结构和经济结构的影响。在这样一个非常庞杂的人类社会结构体系中，不同的政府机构、事业单位、企业、家庭和个体都有差异化极大的、形形色色的各类需求，没有任何一种产品和服务可以完全满足组织及个人的需求。对于企业而言，只要找准了自己的细分市场和目标客户群，切实解决他们的需求和痛点，就有了自我的立足之地，可持续建造企业独特的商业价值。

前面我们有个初步结论，BLM 更适用于业务发展显现高度不确定性的行业，这类行业的特点是由于技术进步导致产品生命周期较短，更需要企业关注客户需求变化，持续做好产品、服务与客户需求的适配性。通过众多企业咨询实践的经验，我们推荐从以下三个方面来进行细分市场和目标客户分析。

1. 客户群体划分

根据客户购买决策链的不同，可将客户类型简单划分为两大类：组织机构型客户（以下称 B（business）端客户）、个人消费型客户（以下称 C（consumer）端客户）。B 端客户群体主要包括政府、军队、事业单位和企业等，他们需要的产品和服务往往与内部业务流程相关联，很多时候需要特殊定制。而 C 端客户主要是由个体消费者组成的庞大群体。这两大类客户群体的采购动机不同、博弈能力不同、代理机制不同，因此对客户群体的划分和细分，是洞察市场、客户的第一步。

2. 客户对产品的需求偏好及痛点分析

一切商业的起点是让消费者获益，因此在市场竞争中能够健康成长的企业，本质上是这些企业为客户提供的产品和服务，真正满足了客户的需求，并解决了他们的痛点。客户的需求和痛点通常是庞杂、隐性及变化的，难以精准地描述和定义，需要有较高悟性的专业人才采用有效的管理工具持续于市场和客户的研究。$APPEALS 工具是目前能看到的，对客户的需求偏好和痛点分析最有效的产品需求分析工具。对于 C 端客户，还可以将本章第一节工具箱中 $APPEALS 工具和KANO 模型整合，更好地描述客户的偏好和痛点。

$APPEALS 从八个维度进行客户需求分析，确定客户的购买准则，见表 3-4。

表 3-4　$APPEALS 工具

维度	含　义	客户角度的满意
$	产品价格：产品销售价、付款方式、服务费、运输费等	人们都爱便宜的好产品
A	可获得性：采购的便捷性、销售网点、到货时间、安装时间等	人们希望想买的产品可以很容易获得
P	包装：产品大小、重量、颜值、外包装	人们喜欢高颜值的产品：优秀设计、外观靓丽、大小适中、轻巧方便
P	性能：衡量产品质量优劣的技术参数，比如速度、纯度、清晰度、稳定性、容量、安全性、兼容性等等	所谓好产品，是最佳性能表现的优秀产品，让人买得放心，用得称心如意
E	易用性：易于使用及操作、易于维护及升级、可扩展、配件标准件	人们喜欢操作简单，体验友好的产品
A	保证度：获得权威机构认证、运维及售后有保证	免除购买的后顾之忧

维度	含 义	客户角度的满意
L	生命周期成本：运维成本、配件成本、升级成本、售后服务成本、转换成本	避免买得起却用不起，产品后期使用及维护成本低，运营阶段有良好售后保障
S	社会接受度：品牌、商誉、企业形象	企业形象良好，品牌有美誉

对于消费类产品，除了使用 \$APPEALS 工具去分析客户的真实需求点包括痛点需求，还可以结合 KANO 模型进一步对客户的需求进行分类和优先度排序，如图 3-7 所示。

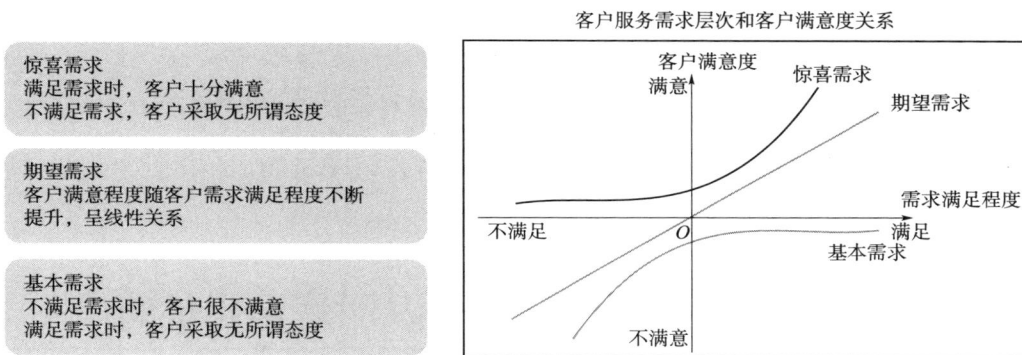

惊喜需求
满足需求时，客户十分满意
不满足需求，客户采取无所谓态度

期望需求
客户满意程度随客户需求满足程度不断提升，呈线性关系

基本需求
不满足需求时，客户很不满意
满足需求时，客户采取无所谓态度

图 3-7　KANO 模型

3. 客户购买行为分析

B 端客户是一个组织，内部通常有明确的业务流程和组织结构，在采购某项产品和服务时，会非常理智和慎重地进行选择。而且不少 B 端客户有一个典型共性，客户不等于用户，购买的决策者和最终使用产品和服务的往往是不同层级的人。对 B 端客户购买行为进行分析，需要深入了解客户的业务需求、组织结构、决策机制、财务预算等。

C 端客户是一个个独立的消费者，购买行为除了理性需求也有很明显的感性要素，包括一些情况下会出现的冲动性消费行为。通常来讲，C 端客户，客户即用户，谁有能力与消费者建立紧密连接，快速且准确地捕捉到他们的需求和消费模式，谁推出的产品就更容易获得成功。互联网的兴起，让企业和目标客户群之间不再隔着万水千山，而是无时无刻无障碍沟通。例如：海尔、维沃、傲雷等公司，通过自有 APP、网站、微信公众号、产品社群、私域等方式，随时随地听到客户声音，响应客户的需求，持续地推出一代又一代令客户满意的好产品。

没有舍弃就没有战略。洞察市场和客户的目的，是寻找细分市场和目标客户，是弱水三千只取一瓢的过程。无论是 B 端还是 C 端客户，那些满足所有客户共性最基本需求的产品，只能是最平常、最低价、最平庸的商品。要想获得市场的高溢价，就需要找对细分市场，并推出满足目标客户群个性化和独特性需求的产品 / 服务。

对细分市场和目标客户群的洞察，是市场洞察五看当中的重中之重，要看得特别细、特别透，这决定着企业的生命线。

第七节　看竞争对手——识别差异化优势

看竞争对手的目的是通过各种维度的对比分析，对当下及未来的市场竞争格局形成自己的初步判断，以定位自家产品 / 服务的差异化优势。在这个过程中，企业不仅需要以开放心态向竞争对手学习以促进自我的进步和突破，更重要的是看到有利于企业优势成长的机会点。

比如奥运会的赛场，运动员不仅知道自己的成绩排名，还了解所有运动员的排名次序，以及世界冠军的最佳成绩。正是基于竞争力的对比分析，运动员方能更全面地了解自己的优劣势，为接下来的训练和竞赛寻找到可能的突破方向和改善路径。对于企业而言，道理也是相似的，只有参与市场竞争，才能了解到市场当下的竞争格局，以及未来可选择的突破方向。

波特的五力模型是企业分析竞争对手的一个常用工具。除了该模型，企业还可以结合以下三个维度来研究竞争对手：

1. 明确竞争对手范围

狭义的竞争对手是指在单一细分领域中，某企业的经营范围、目标、服务对象、提供的产品和服务与本企业高度相近，且该企业行为会直接影响本企业的利益。但从广义竞争对手的角度来看，那些颠覆整个行业的外来物种的降维打击反而更令企业难以应对，比如智能手机代替了照相机，扫拖机器人代替了拖把和扫把，移动支付代替了现金等。因此企业在研究竞争对手时，首先要明确竞争对手的范围。

企业在定义自己的竞争对手时，可以大致分为以下三种类型：正面对手、标杆对手和潜在对手。我们以山东某医药 JT 公司所做的竞争对手案例进行说明，见表3-5。

表3-5 医药行业竞争对手分析

竞争对手分析	主要特征	企业名称
正面对手	国内排名前20名做化学原料药或中间体的医药企业	石药集团、齐鲁制药、恒瑞医药、普洛药业、华海药业、海正药业、浙江医药、华北制药
标杆对手	全球领先的医药企业	辉瑞、强生、罗氏、诺华、默沙东、拜耳、赛诺菲、艾伯维
潜在对手	并不研发药物（包括原料药和成品药），但其研究成果会对医药行业产生巨大影响的新兴行业或企业	DNA 测序、细胞分离、基因编辑疗法等生命科学公司（名单正由市场部整理中）

JT 公司将自己的竞争对手分为三类，时时刻刻让这张图表展示在眼前，希望公司全员清醒意识到市场竞争中短期、中期、长期的危险和机会。公司中、短期的竞争对手是国内原料药或中间体前 20 名的大型药企，他们是公司当下的正面竞争对手。了解这些企业经营及产品的优劣势，就能更有效地采取正确的策略和方法使公司赢得在全国乃至全球原料药或中间体的竞争优势。

标杆对手是指全球或全行业最顶尖的优秀企业。JT 公司的愿景是成为全球最优秀的药品企业，尤其在新药创新方面要建立强大的核心能力。建立标杆对手研究，向全球排名领先的医药巨头虚心学习，研究并借鉴他们的经营策略和管理模式，包括在合适的时机与标杆对象展开各种方式的合作和合资机会。

除了正面对手和标杆对手，JT 公司还关注医药行业新进入者的动向，比如欧美国家领先的生命科学公司。这类企业并不直接研发新药，但他们从事的基因研究和细胞研究，如有重大的技术发现或发明，或从根本上颠覆整个医药产业，说不定未来某一天人们生病了是不需要吃药和打针，而是其他手段。对于潜在对手，JT 公司也需要给予适当的关注。

2. 全方位竞争要素分析

市场中企业面对的竞争对手太多了，不可能穷尽所有竞争对手的研究。在明确竞争对手范畴后，企业通常可以从行业内最有影响力、对本公司影响最大、最有发展潜力这三个维度对若干家企业进行分析研究。

当选定了需要进行研究和分析的对象后，企业对竞争对手的情况掌握得越多越好，当然这是不现实的。但如果我们能给对手画一张像，这个画像越精准，越有利于企业有的放矢地制定竞争策略。

对于竞争对手画像分析，推荐采用竞争对手 18 要素画像，如图 3-8 所示。

利　润	市场份额及变化趋势	产品系列	产品质量	新产品上市计划	客户关系
成本与价格	市场增长策略	财务安全	供应链	产能	生态与合作
战略控制点及商业模式	组织结构	激励体系	人才及文化氛围	投资并购	问题及风险

图 3-8　竞争对手 18 要素画像

图 3-8 中的这 18 项要素，对帮助企业了解和分析竞争对手的概况和特点很有帮助，问题是企业从哪些渠道去获得这些信息呢？如果竞争对手是上市公司，通过上市公司的年度财务报告，可以了解竞争对手的利润、投资并购、财务安全等信息，

进一步分析竞争对手的资金实力、业务成长趋势和下一步的投资重点等。通过行业展会、产品发布会、专业人员的产品分析报告，可以了解竞争对手的产品系列、新产品上市计划、产品质量、产品售价等信息，帮助企业进一步分析研究竞争对手在新产品研发、技术标准和产品竞争力方面的优劣势等。通过供应商和上下游合作伙伴，可以了解竞争对手在战略控制点及商业模式、产能、供应链、生态与合作等情况，可以进一步洞察对手在技术和产品标准、规模、质量方面的长短板等。通过人才招聘、聘请行业咨询顾问，以及相关媒体的文章，可以了解竞争对手的组织结构、人才及文化氛围、激励体系等内容，以进一步分析竞争对手的管理理念和战略意图等。

其实，当下是资讯信息异常丰富的年代，企业只要重视竞争对手分析，就可以通过 18 要素画像表的指引去收集信息，较全面地描述出对手的概貌。知己知彼百战不殆是至理名言，无论是战场还是商场，均如此。

3. 关键竞争要素分析

针对不同的竞争对手，我们需要重点研究的问题亦不同。对于正面对手，更关注对竞争对手的产品（或服务）价格、市场份额及变化趋势、产品质量、产能、供应链等方面的信息，通过以上竞争要素的分析，制定本企业的竞争策略以望在市场竞争中赢得胜利。对于标杆企业，更需要重点研究分析对方在产品系列、战略控制点及商业模式、生态与合作、激励机制等方面的优势和下一步的发展方向，以便采取跟随策略，或者差异化的竞争策略。对于最有发展潜力的企业，更加关注这类企业的战略方向选择，以及组织能力提升方面的变化，包括新产品上市计划、市场增长策略、人才与文化、激励机制、组织结构等。

对竞争对手的洞察，是了解真实的市场环境，制定有效的市场竞争策略，找到最有利于本企业发展机会的管理手段。这个过程的关键，是通过各竞争要素的对比分析，看清自己在行业内所处的位置，摸清企业前后左右各种力量的特点，为下一步通过差异化为自己找到最能扬长避短的细分市场或目标客户群而奠定基础。

第八节　看自己——构建战略控制点

看自己是企业通过盘点内部资源和能力，通过各种维度的对比分析，来审视自己是否具备抓住市场价值转移趋势的能力，以及是否构建了有效的战略控制点。

有一种曾经较为流传的观点认为，企业在进行战略决策和战略执行的过程中，一定会受到竞争对手策略和行动的影响，因此企业应该把主要精力放在研究竞争对手上。普拉哈拉德和哈默在《为未来竞争》中，对上述观点表明了否定态度。他们认为，企业要把主要精力放在研究客户的需求和打造自己的优势上，而不是首先考虑对手的做法。很显然，BLM 吸纳了他们的观点。

如果企业一直处于某个细分行业的中、下流，他们眼里只能紧盯着行业领导者，以便根据对方的策略和行为及时调整自身策略和行为。BLM 是研究如何实现业务持续领先，这是优秀者向卓越者的进阶之路，并不适用于平庸之辈。因此，市场洞察当中的看自己，是围绕行业价值转移趋势和客户需求变化，定义企业应该建立的核心竞争力。正如普拉哈拉德和哈默所言，现代市场竞争与其说是基于产品的竞争，不如说是基于核心能力的竞争。企业的经营能否成功，已经不再取决于企业的产品、市场的结构，而取决于其行为反应能力，即对市场趋势的预测和对客户需求变化的反应速度。

盘点企业的核心竞争力，通常可采用企业经营管理状况全面体检、企业核心竞争力分析、企业短缺因子分析和商业模式画布来分析自己。

1. 企业经营管理状况全面体检

企业经营管理状况分析是通过可获得的各类指标（包括财务类指标和非财务指标）与行业领先企业或者跨行业标杆类企业进行对比，从而对企业的经营健康状况作一个初步总体判断，见表 3-6。

表 3-6　企业健康体检表

指标类型	能力分析	对比项目
财务类指标	营运能力分析	存货周转率
		应收账款周转率
		流动资产周转率
		固定资产周转率
		人均销售收入
	偿债能力分析	营运资本流动比率
		速动比率
		现金比率
		资产负债率
	获利能力分析	营业收入
		销售毛利率
		营业利润率
		资产回报率
		人均利润
非财务类指标	客户满意度分析	产品客户满意度
		服务客户满意度
		客户问题及时解决率
	内部流程能力分析	客户需求管理效率
		TPM 成熟度
		IPD 流程符合度
		CBB 重用率
		供应商认证率
		产品质量一次交付合格率
	员工成长分析	员工任职资格达标率
		员工敬业度
		员工惋惜流失率
		年度培训计划完成率

企业经营管理现状分析非常类似于个人的健康体检，通过与行业内外优秀企业的横向对比，知晓自身健康处于何种状况，及时发现隐患并进行必要的干预，使得企业的体质尽可能长期保持在一种健康良好的状态下。

2.企业核心竞争力分析

BLM 的战略模块，来自《发现利润区》中的业务设计模型。书中强调，高市场占有率不等于高利润，企业要有能力预测不断变化的客户偏好，以客户为中心、以高盈利能力为核心来量身定制企业设计，企业方可获得竞争优势。因此 BLM 中的战略机会点也好，战略控制点也罢，都是围绕以利润为中心来重构企业设计，没有看清这一点，就无法理解 BLM 精髓。

我们以最简单、最易理解的企业利润计算公式来说明核心竞争力主要包括哪些能力。

$$企业利润 = 客户数量 \times（单客收入 - 单客成本）$$

（1）单客收入。围绕客户进行产品创新和服务的能力，越是能够提供领先产品、优质服务、长久解决方案，越能提升单客收入。

（2）单客成本。围绕客户进行产品的生产、交付、生命周期服务，越是拥有能够提供总成本最低的产品及服务，越能创造更低的单客成本。

（3）客户数量。越能精准定位目标客户、开发拓展客户、维护长期优质客户关系，越能获得更多的客户群体。

（4）社会责任。除以上述三点，一个企业越是坚守企业的社会责任，越能够获得社会各力量长期的支持和帮助，获得时间复利所带来的超额利润。

通过上面的计算公式，我们可以看出企业的核心竞争力，无外乎以下四种能力，见表3-7。

表 3-7　企业核心能力

核心能力	描　述	具体内容
创新能力	创造更高的单客收入； 持续提供新产品 / 服务的能力	（1）机会识别； （2）技术创新； （3）新产品和服务创新； （4）产品组合； （5）创造新需求
运营能力	创造更低的单客成本； 持续打造低成本交付产品 / 服务的能力	（1）产品 / 服务的质量控制； （2）产品 / 服务的成本控制； （3）快速高质量交付； （4）持续的运营创新
客户营拓能力	创造更多的优质客户； 持续获得更多客户订单的能力	（1）目标客户甄选及获得； （2）渠道开发； （3）优质客户长期、多次采购； （4）营销渠道整合
社会责任能力	创造时间复利的高收益； 持续塑造并提升企业美誉度，以增强长久服务社会的能力	（1）善待环境； （2）纳税及服务社会； （3）注重员工健康及安全； （4）遵守法律法规； （5）慈善事业

任何一家企业，不可能同时建立并拥有以上全部的四种超强能力，通常企业某种能力特别强大时，其他能力就会偏弱。因此企业要根据自己的战略方向和资源状况，找到最应该建立的核心竞争力，持续进行投资和投入。

德鲁克曾说："企业实践战略目标是靠不断发现新机会，而非解决老问题。"对于科技型企业而言，最大的发展机遇在于抓住了行业价值链转移的机会点。因此，对于这类企业，通常需要超强的创新能力和客户营拓能力。

3. 企业短缺因子分析

德国化学家利比希在研究土壤对农作物生长影响要素时发现，植物生长除了需要大量的水、二氧化碳外，还需要一定种类和数量的微量营养元素（比如钾、氮等）。供给量最少（与需求量相比）的元素决定着植物的产量，后被人命名为利比希最小因子定律。换句话说，即便作物拥有了充足的水和二氧化碳，但缺失了某种微量元素（因子），植物也无法正常生长。只要在正确的时机弥补了短缺因子，植物就会有新一轮的增长。而植物不缺的因子，补得再多对植物的生长也没有帮助，反而会有副作用。

很多企业用木桶原理来类比利比希最小因子定律。在看自己环节，除了要努力识别企业需要建立的长板外，还需要将最短的短板识别出来并快速弥补，否则木桶能装水的容量只能受制于最短的那块板子，这是常识。

短缺因子的识别，企业可从八个关键要素来进行分析，见表 3-8。

表 3-8　短缺因子识别表

序号	关键要素	含　义	主要表现形式
1	战略	选择企业产品和服务的方向	（1）既要、又要、还要，想做的太多、太杂； （2）找不到未来突破方向； （3）结构性误判
2	客户	企业的衣食父母	（1）无法定义目标客户； （2）找不到好客户，裁不掉坏客户； （3）没有优势客户群体
3	商业模式	企业获得收入和利润的方式方法	（1）一味模仿别人； （2）盈利模式单一； （3）利润率极低
4	产品	企业给客户提供价值的载体	（1）没有新产品上市的有序规划； （2）没有核心技术； （3）产品无法取得预期收益
5	组织	企业将众多员工进行分工协作的管理架构	（1）员工不清楚知道该做什么，从哪里获得资源和协助； （2）跨部门协作困难； （3）创新业务做不起来
6	人员	每个岗位都需要真正为客户创造价值的合格人才	（1）关键任务缺乏有能力人去实现； （2）人才断层； （3）愧惜流失率过高
7	流程	组织持续为客户创造价值的业务流高效运行	（1）靠能人去拉通业务流程，还不是靠系统； （2）员工在职能范围内无法做出正确决定，等着上级发号施令
8	资源及机制	人、财、物、信息等资源良性运行	（1）留不住人才； （2）资源匮乏； （3）内外部信息不能快速获取并共享

企业间的竞争，最终是比较竞争优势，这是一个长跑的过程，先发优势无法保证企业业务的持续领先，因此企业不能出现致命的明显短板。在看自己环节，认真审视最短的短板，并快速改正和弥补，是真正的自我拯救。

4. 商业模式画布

商业模式画布（BMC）是由瑞士著名学者亚历山大·奥斯特瓦德等人首次提出的一种商业模式创新的管理工具，这种工具非常适合于创业者寻找成长业务和新兴业务的市场机会点，仅用一张纸就可以描述自己的商业模式，如图3-9所示。

重要伙伴 谁能帮我	关键业务 我要做什么	价值主张 客户为什么选择我	客户关系 如何与客户打交道	客户细分 我为谁服务
	核心资源 我拥有什么		渠道通路 如何宣传自己并交付产品/服务	
成本结构 我将付出什么			收入来源 我能获得什么	

图 3-9　商业模式画布

一个完整的商业模式，应该至少包括四个视角和九个模块来展示自己商业模式的独特性。四个视角分别是为谁提供、提供什么、如何提供、如何赚钱；九个模块分别是客户分析、客户价值、核心优势、关键业务、收入来源、渠道路径、客户关系、合作伙伴、成本结构。

商业模式画布非常适合于寻找成长业务，以及新兴业务的市场机会。虽然它是一种企业确定自己商业模式的思考模型，但这个框架模型会帮助企业向内深入地"看自己"，通过新的机会点的牵引，促进企业打造自己的核心能力。

除了上述四种常见的分析自我的管理工具，在企业实践中，不少企业还广泛采用18要素分析法、对标分析法、$APPEALS等工具来审视自我。需要强调的是，核心竞争力并不是指企业对自身价值的衡量，而是要站在客户的角度来定义那些对实现客户价值有意义的能力，这才是企业真正需要建立的能力。

第九节　看商业机会——通过对机会的洞察寻求进攻点位

以上介绍了市场洞察五看中的四看，本质上是一种外部视角加内部视角相结合的市场分析工具：看趋势 / 行业，看市场 / 客户是企业的外部视角，通过观察外部环境的动向和趋势，分析和判断外部变化可能带给企业的机会和威胁；看竞争对手、看自己是企业的内部视角，通过与竞争对手在相同环境条件下的横向对比，了解自己的能与不能、优势及劣势。企业正是基于内外部全要素的综合分析，最终形成自己对商业机会的系统性判断，参见图 3-4 市场洞察五看架构图。

下面将重点介绍，企业如何看商业机会。

1.SPAN 分析

SPAN 分析从细分市场吸引力和企业在这个细分市场的竞争地位两个维度，对细分市场和机会进行优先级划分，以便确定企业要进入的细分市场，并为这些选定的细分市场提供产品和服务。换句话说，通过 SPAN 分析，企业要找到具有足够发展空间和盈利空间的细分市场，且企业的能力又可以实现，如图 3-10 所示。

SPAN 分析算得上是 BCG（波士顿矩阵）的升级版。BCG 矩阵认为企业最大的机会来自市场销售增长率和市场占有率双高的区域。随着管理思想的发展，中外众多企业在经营实践中发现，商业机会受多因素影响，并不存在单一的决定性因素。无论是市场吸引力还是企业的竞争地位，都取决于若干要素的综合影响，比如

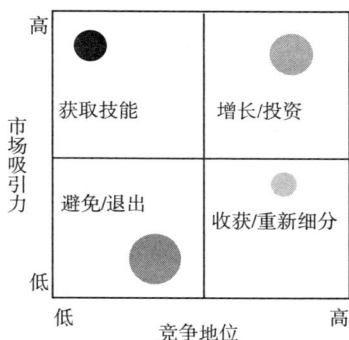

图 3-10　SPAN 分析

决定市场吸引力的最重要因素是市场规模，其次是市场增长率、利润潜力、战略价值等。而企业的竞争地位，也是由若干关键成功要素（CSF）决定的，比如品牌、渠道、市场份额、产品力、组织能力等。SPAN 分析法通过对市场吸引力、企业竞争力的若干影响要素综合分析，在矩阵的右上角（市场吸引力、企业竞争力强）区间，找到细分市场位置。

2.FAN 分析

FAN 是从财务角度来看机会，如图 3-11 所示。

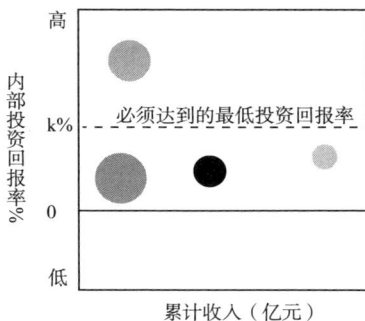

图 3-11　FAN 分析

每家企业对进入的新的细分市场都有自己的投资回报率要求，投资回报率太低的行业，即使市场规模足够大，也往往不值得进入。从财务的角度来看，既满足内部的投资回报率要求，又有较高累计收入的细分市场，就是企业要重点研究和关注的细分领域。

3. 目标细分市场综合评估

将市场规模、市场增长率、利润潜力、战略价值、企业竞争力、财务投资回报率、财务累计收入等诸多要素，通过权重大小和重要程度高低两个维度来进行评价，综合得分高的，可以视为我们的目标市场，见表3-9。此表概要介绍了市场洞察的一些工具，但大家都很清楚，再好的工具，最终的效果还要看使用者的能力。

表 3-9　目标细分市场综合评估表

评分标准		指标权重	评分标准（分）					打分（分）
			5	4	3	2	1	
市场规模	规模大小							
	需求标准化程度							
市场增长率	市场增长率							
利润潜力	供应商的议价能力							
	购买者的议价能力							
	潜在竞争者进入的能力							
	替代品的替代能力							
	行业内竞争者当前竞争实力							
战略价值	战略价值							
企业竞争力	品牌							
	渠道							
	产品力							
	组织能力							
财务回报	投资回报率							
	累计收入							
总　分								

做好市场洞察，需要理解行业趋势和技术趋势，寻找细分市场，并分析目标客户群的需求、结合企业优劣势去挖掘最大的市场机会点。这个过程对人的要求极高，不仅要对宏观政治经济大势有敏感性和领悟力，还要对未来技术发展趋势有超

强的远见性和预判能力。这个环节，不是一两个人能完成的工作。大企业通常设立战略市场部，常态化地进行市场洞察工作。小企业受资源所限无法设立专职机构，整个企业往往依靠的是一把手或者核心小团队的市场洞察能力。

表面上看，大型企业在市场洞察环节的优势是显而易见的。一方面具备人才优势，可以建立专职部门持续于市场分析和研究。另外一方面，由于企业经济实力雄厚，还可以聘请有实力的行业分析公司、咨询公司、高等院校、科研机构等配合企业进行市场洞察。但这并不意味着竞争从一开始就没有悬念，比如柯达发明了世界第一台数码相机，却死于数码时代。大型企业要么是行业的领导者不得不第一个在无人区进行探路，要么出于利益保护或者船大难调头，又或者决策者的判断力出了问题，导致企业因战略选择失误而被市场淘汰出局的案例屡见不鲜。因此越是行业领导型企业，做出正确的战略选择越是一件非常困难和有挑战性的任务。绝大多数中小企业的战略，更多是模仿型战略，死于战略选择的情况反而不多见。

从我们接触到的企业来看，中小企业在做市场洞察时，一是缺乏好的工具，二是缺乏优秀人才。因此，在刚刚推行 BLM 时，企业内部对市场洞察五看输出的专业分析报告，要有合理预期，不要吹毛求疵。优秀人才 + 好的工具都是循序渐进的过程，持之以恒的训练才能带来业务能力的持续提升。

第十节　三大类创新模式让企业创新系统化

通过市场洞察，企业捕捉到了若干市场机会点，必然思考如何实现机会点的利益最大化。这时候，企业就需要将资源投放在关键创新点上，以实现人无我有，人有我优，人优我特。企业在市场竞争中体现出来的技高一筹的持续的创新能力，就是 BLM 中定义的创新焦点，如图 3-12 所示。

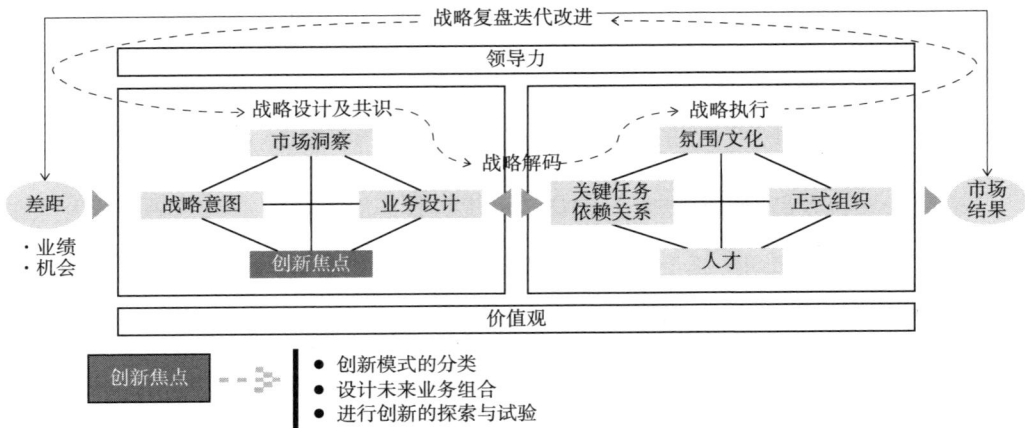

图 3-12　BLM 之创新焦点

要理解创新焦点，首先要了解创新模式。

通常，我们将创新模式分为产品、服务、市场的创新，以及业务模式创新和运营创新三大类。

1. 产品、 服务、 市场的创新

（1）产品创新。产品创新是指创造某种全新产品，或者持续对某类产品进行更新换代，通常可简单分为颠覆性创新和渐进式创新，见表 3-10。

表 3-10　产品创新的两种模式

产品创新		定　义	举　例
颠覆性创新		应用新原理、新技术、新材料开发的全球首创产品	世界上第一台 ATM 机、第一台盾构机、第一颗种植牙、第一副人造耳蜗等
渐进式创新	升级换代创新	在原有产品基础上（核心平台）开发出新增功能、性能提升等，从而与企业原有产品形成系列	苹果系列手机、Windows 系列软件等
	模仿型新品	对其他企业新产品进行模仿和改进，使产品在结构、功能、性能、花色、款式、成本及包装上具有新的特点和新的突破	中国企业研发生产的电视机、心脏支架等

20 世纪 70 年代，如果想修一条沥青公路，就需要在公路旁边搭一口大铁锅，用柴火加热的方式先把沥青融化，然后把铺路的石子放在加热的钢板上进行加热以脱去水分，再用大铁勺把铁锅中的沥青浇在砂石上并用铁锹翻炒，装上手推车倒在路上，最后人工铺平压实。时任福建泉州公路局筑路机械厂厂长的方庆熙看在眼里痛在心上，暗下决心一定要改变这种落后的施工模式。1997 年方庆熙辞去国营厂厂长的职务，下海创立了南方路机，带领几名研发人员搞产品创新。由于国外行业巨头对核心技术的封锁，在国内无法获得任何技术资料，方庆熙董事长借钱跑到国外，四处寻找可以拜师学艺的机会。功夫不负有心人，终于找到一位退休的德国专家，在他的指导下，南方路机通过大胆的工艺创新打造出当时国内最领先的工程搅拌机，迅速赢得了市场的认可。进入 21 世纪，南方路机又看到建筑垃圾处理这个巨大的市场机会，他们花巨资购买了日本的破碎机进行拆解，在研究标杆产品的前提下融合自己的工艺优势，推出了建筑垃圾综合处理设备，一经上市就获得了成功。

（2）服务创新。服务创新是指企业开发一切有利于创造附加价值的新方法、新途径，使客户感受到不同于以往的崭新内容和消费体验。比如招商银行、海底捞在服务创新方面取得的成就，令人印象深刻。

傲雷科技公司（以下简称傲雷）生产的手电筒特别精美别致，行销到全球一百多个国家并广受赞誉。傲雷发现自己的客户中有一类可以用"疯狂"二字来形容，他们会购买傲雷所有型号的产品，做成图片和视频在网上与天南海北的人分享。通过进一步分析，发现这类"疯狂"的客户多集中于美国、德国、日本等国家的一些户外爱好者和蓝领工人。为了更好地服务于此类收藏类极客，傲雷专门在美国、德国、日本等国家设立了直营网站，针对这个特殊群体提供特殊服务，包括新产品需求的征集，限量定制产品、新产品特殊折扣价、专属客服等。正是持续的服务创新，让傲雷赢得了越来越多的优质客户。

（3）市场创新。市场创新是指通过产品＋市场组合分析，改变市场结构带来的新市场和新需求。

安索夫矩阵是我们理解市场创新非常好的一个工具，如图 3-13 所示。

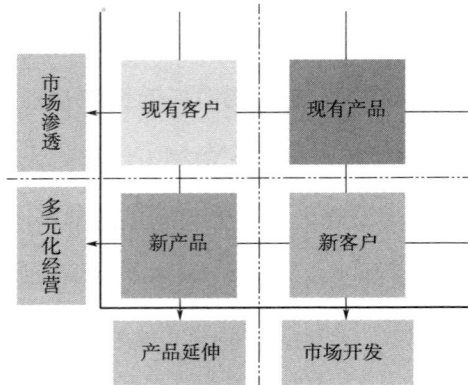

图 3-13　安索夫矩阵

安索夫通过新产品、老产品、新客户、老客户这四种方式的矩阵组合，形成了产品在不同市场的个性化创新，见表 3-11。

表 3-11　产品＋市场组合创新

产品＋市场组合	战略选择	特　点	创新焦点
老产品＋老客户	市场渗透	快速且低风险	成本和运营优势，人有我优，人优我廉
老产品＋新客户	市场开发	较缓慢、中风险	营销优势，更强大的市场拓展能力，需要对营销领域的高投入
新产品＋老客户	产品开发	较缓慢、中风险	研发优势，更优秀的新产品研发能力，需要对研发领域的持续高投入
新产品＋新客户	多元化经营	很缓慢、高风险	技术＋产品＋营销＋运营的整体优势

很多出生于 20 世纪六七十年代的人，小时候吃过一种叫土霉素的药片，治疗的症状上至感冒咳嗽，下至腹痛腹泻，用途非常广泛。可是这款药的副作用较大，

2000 年以后国家禁止该药物作为人用处方药。2012 年我们到河北圣雪药厂做调研，发现这家药厂的主打产品就是土霉素，作为兽药出口到非洲和南美洲，给牛、马、羊治病使用，销售收入和利润都非常可观。土霉素从人用药改为兽用药，从国内市场卖到海外市场，老产品销往新市场是典型的市场创新。

2. 业务模式创新

企业的产品和服务本身并没有太大的变化，通过改变盈利模式服务于更多的客户，或者为更多的客户提供长期服务，称为业务模式创新。

360 公司的免费杀毒、阿里巴巴的网上商城、百度的搜索排名收费、腾讯的游戏充值就是非常典型的业务模式创新。这类互联网公司的崛起，并没有改变产品和服务本身，但是改变了收费对象、收费模式和盈利模式，通过交易成本的大幅下降服务更多的客户，建立了新的业务模式。

除了上述的互联网公司，类似 IBM 这样的硬件公司也是通过业务模式创新重新赢得了竞争优势。郭士纳在自传《谁说大象不能跳舞》中说："如果你给 1993 年和 2002 年的 IBM 业务量拍一个快照，你会发现乍看起来两者之间少有变化。因为十年前，我们就已经拥有服务器、软件、服务、个人计算机、存储、半导体、打印机，以及财务软件等业务，今天，我们仍然还有这些业务……我们必须把我们的业务、产品，以及员工从自给自足和不受外界影响的隔离状态中拉出来，从专用转变为开放式的产品设备。IT 行业的许多公司都试图从自己以前的专用产品供应方式跳出来，但却很少有公司能够成功地完成这一任务。"

从提供产品转向提供解决方案，就是 IBM 的业务模式创新。类似 IBM 这样的公司，产品肯定不是最新、最快的，但客户就是离不开。因为 IBM 太懂客户了，IBM 给客户的不是单单一个产品，而是一系列产品和服务，是全方位地满足业务需求。这种挣钱模式来源于长期伴随，是深入理解了客户的业务从而带给他一系列的解决方案。我们服务的客户，比如新美星在包装设备行业、达安基因在医疗行业、亚威股份在机床行业，都是给行业客户提供整体解决方案，这类企业不仅要做产品和服务创新，也要持续于商业模式的创新。

3. 运营创新

基于对企业业务流程的研究分析，理顺和优化流程、调整组织结构、改进绩效和薪酬模式、不断提升员工工作效率的创新称之为运营创新。IPD（集成产品开发）、ISC（集成供应链）、LTC（线索到现金流程）、BLM（业务领先模型）等均属于运营管理创新。

我们服务的客户中，越来越多的企业开始重视运营创新。比如恒顺醋业，是中国四大名醋之首镇江香醋的代表，也是国内规模最大，现代化程度最高的食醋生产企业。恒顺醋业通过引入 IPD 咨询项目，以更科学高效的开发流程指导企业的新产品开发，确保企业开发出一款新产品，就成功上市一款新产品。

汇金科技是在创业板上市的一家高科技公司，主要为大型金融机构提供智能设备。公司通过 LTC、ITR 等流程优化项目，使交付项目的及时完成率从之前的 65% 提高到 98%，产品交付合格率从 75% 上升到 95%。运营创新极大地降低了公司的期间费用，使公司更加具备竞争力。

健帆生物通过股权改革，每年都吸收优秀的员工成为公司股东。员工从打工者转变为股东，各类合理化建议涌向公司，各岗位层出不穷的小创新持续推动着公司各业务领域流程的优化和工作效率的提升，公司业务蒸蒸日上。

今天的中国企业，创新领域不仅限于技术和产品创新，业务模式创新和运营创新都是推动企业成长非常重要的力量。因此，企业在思考创新焦点时，不要局限于产品、服务和市场，而是要根据市场洞察中所瞄准的机会点，将三类创新模式进行通盘考虑。

第十一节　设计未来业务组合促使多业务并举

创新焦点要讨论的第二个要点是设计未来业务组合。麦肯锡公司通过对全球40 家高速成长企业的跟踪研究，发现这些企业之所以持续保持高速成长，是因为拥有一个非常理想的三业务（H1 H2 H3）组合模型。我们以谷歌公司（以下简称谷歌）为例说明，如图 3-14 所示。

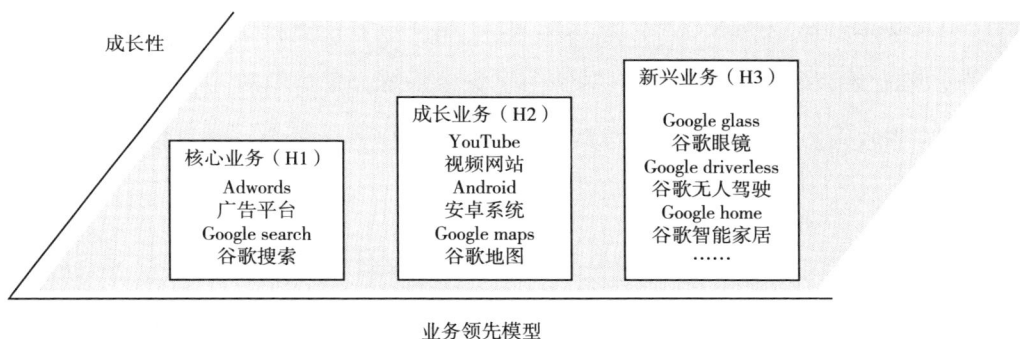

图 3-14　谷歌业务组合模型

1. 核心业务

谷歌第一层业务称为核心业务 (H1)，即持续为企业贡献主要营业收入、重大现金流的业务。1998 年，拉里·佩奇和谢尔盖·布林在美国斯坦福大学的学生宿舍内共同开发了谷歌在线搜索引擎，取得了市场的巨大成功。二十多年过去了，搜索引擎所构建的在线广告业务源源不断地给谷歌贡献营业收入和利润，是谷歌最大的现金奶牛。

2. 成长业务

谷歌第二层业务称为成长业务（H2），指未来一段时间后（通常 3 ~ 10 年内）将迎来行业的高速发展期，很快可以像第一层业务那样为企业贡献营业收入和利润。

成长业务已经经历了产品概念和经营模式的探索，基本上确立了盈利模式，一旦外部条件具备，就会高速成长和扩张，最典型的案例是安卓操作系统。2003 年 10 月，安迪·鲁宾创建 Android 公司，由于无法实现盈利只得寻找买家将公司卖掉。2005 年 8 月，谷歌以 5 000 万美元的价格收购了成立仅 22 个月的 Android（安卓）团队，鲁宾也成为谷歌工程部副总裁，继续负责安卓项目。谷歌并不要求智能硬件厂商付费使用安卓系统。但是，智能手机等使用了安卓系统，自然地就允许谷歌的广告进入硬件设备，这就是谷歌通过安卓盈利的商业模式。收购安卓可以说是谷歌收购历史上最划算、回报率最高的一桩交易，虽然谷歌并没有透露来自安卓生态链的营业收入数据，仅根据 2021 年 5 月份谷歌的市场数据，每月全球有超过 30 亿台活跃客户的智能终端使用了安卓系统，单月就能为谷歌创造数十亿美元的广告收入。毫无疑问，安卓系统让谷歌成为世界上最大、最具影响力的公司之一。

2005 年美国华裔工程师陈士骏联合另外两名 PayPal 公司前雇员创办了 YouTube 视频网站。2006 年 11 月，谷歌以 16.5 亿美元收购了 YouTube，并作为自己的子公司。被收购后的 YouTube 在谷歌平台上大放异彩，风靡全球。据美国花旗银行分析师认为，仅以 2012 年整年计算，谷歌可能就从 YouTube 获得 24 亿美元的净收入。

进入 2000 年以后，从广告业务赚取巨额利润的谷歌，开启了收购之路。他们围绕广告平台搭建了搜索引擎产品、广告产品、硬件产品、操作系统、地图产品、通信产品、网络安全产品等，这类发展业务共同支撑谷歌成为全球最赚钱的公司。

3. 新兴业务

谷歌第三层业务称为新兴业务（H3）是指仍然处于探索阶段的未来业务。这块业务的兴起，需要革命性新技术、首创新产品、商业模式重大创新等，市场上最主要的优秀企业都在积极尝试和探索，一旦路径摸索成功，就预示着划时代的新商业帝国的产生，新帝王不仅能获得颠覆性发展，也会彻底改变现有的市场格局。

从 2005 年以后，围绕人工智能，谷歌或投资、或收购了一大批初创型企业，并形成了面向人工智能领域的较完整的核心技术平台、新产品生态圈和专利保护体系。比如打造的谷歌眼镜、谷歌无人驾驶、谷歌智慧医疗、谷歌智能家居、谷歌智能云平台等一系列生态圈产品。

通过对谷歌创新模式的研究，我们可以看到谷歌形成了面向市场的三个成长地平线。之所以称为地平线，是因为这三类业务始终处于一个战略主轴（在线广告），围绕一个核心能力（庞大的数据来源，以及强大的数据分析和应用能力）来服务于市场和客户。只要谷歌自己保持清醒不出昏招，谷歌的市场优势或将是长期的。

对三类业务的创新模式和创新焦点进行了简要总结，见表 3-12。

表 3-12　不同业务类型的创新焦点

业务类型	价　值	目　的	创新模式	创新焦点
核心业务（H1）	收入和利润主要来源	延续自己的核心竞争力	运营创新	精益求精，关注成本；最佳成本结构；优化流程提升生产效率；核心职能再造以提高效率
成长业务（H2）	市场增长和机会扩张的主要来源	延展自己的核心竞争力	业务模式创新	比邻扩展，关注成长；新的商业模式；收购新的产品领域；拓展原有的业务领域；打造商业生态圈
新兴业务（H3）	未来长期增长的机会来源	开拓全新的核心竞争力	产品、服务和市场创新	颠覆创新，关注破圈；全新技术研究和突破；全新产品和服务；创造新市场

　　这张表不仅仅是对企业三种业务类型创新的总结，也符合单个产品和服务的全生命周期轨迹描述：先通过技术突破完成产品从 0 到 1 的创新，再通过商业模式创新确定盈利模式，最终依靠大批量的制造能力使企业获得高市场占有率和行业地位。

　　先研发技术和产品、再确定营销和商业模式，最后形成大批量制造能力，这就是商业社会创新能力的不断轮回。

　　当企业多产品经营时，一旦能够清晰地描绘出自己的未来业务组合时，会发现这当中的创新焦点已经呼之欲出：

　　（1）核心业务（H1）。它是企业的现金牛类业务，要进一步延续企业的核心竞争力就要确保在这个市场中企业占据更多的市场份额。通过运营层面的精细化管理，使企业的产品和服务具备物美价廉的竞争优势，高质量和低价格就是核心业务的创新焦点。

　　（2）成长业务（H2）。它是企业获得市场增长和机会扩张的主要来源。对于成长业务而言，新产品形态已经明确，只要找到好的商业模式，解决了产品和服务的盈利模式，新产品就可以在市场上迅速打开销路，企业在核心业务之外又成功地开拓出高速成长的新业务。对于成长业务，商业模式创新是最重要的创新焦点。除此之外，对于大型企业而言，收购新的产品种类，建立新的商业圈是更高层次上的商业模式创新。

　　（3）新兴业务（H3）。它是企业获得未来长期增长的最重要来源。对于新兴业务而言，产品和使用场景都不明确，创新焦点包括全新技术的研究和突破、首研的产品和服务、新场景带来的新市场突破等，以上创新均属于颠覆式创新。

　　简要总结一下，BLM 认为，理想的创新焦点是企业有不同的创新能力以服务于未来业务组合：第一类核心业务通过运营创新，使企业获得更多的现金收入和利润来源；第二类成长业务通过商业模式创新，不断为企业拓展更大的市场成长空间；第三业务通过开拓全新的核心竞争力，使企业在未来长期获得高速成长的机会。

任何一家企业，只要面向市场成功地构建了未来业务组合，就具备了三种业务组合的联合式创新，不仅能吃着碗里的，还能守着锅里以及种着田里的，这样了不起的业务组合必定能使企业保持业务长期领先的优势。

【案例： 特变电工的业务组合模式】

1988 年初，即将进入破产清算流程的新疆昌吉市变电器厂，在时任老书记的四处奔走下，政府终于同意不让变电器厂破产，但提出采取全疆首家租赁承包的方法民选厂长，53 名职工当中的 51 人将票投给了年仅 26 岁的技术员张新。在张新厂长的领导下，这家小厂不仅活了下来而且发展迅猛。1993 年工厂经改制成为特变电工新疆新能源股份有限公司（以下简称特变电工），并于 1997 年上市，股票代码600089。

2022 年，特变电工营业收入超过 1 020 亿元，在全国工商联发布的《2023 年中国民营企业 500 强榜单》中位居第 93 位，同时，特变电工也是民营企业 500 强纳税额前 20 位的企业。

特变电工从濒临倒闭的街道小厂到全球领先的电力能源集团公司，是因为张新董事长带领的管理团队，一直保持着强大的创新能力，积极探索并成功构建了未来业务组合，完成了变压器大王、煤电硅产业、新能源产业的三个成长地平线，使公司在长达三十多年的时间里成功穿越产业周期，愈加强大和健康。

特变电工的业务组合，见表 3-13。

表 3-13　特变电工的业务组合

业务类型	主要产品、服务和解决方案	价　值	创新焦点
核心业务（H1）	输变电等高端制造业（变压器、电线电缆、高压开关、绝缘子等）	奠定了公司在输变电领域的全球龙头地位	解决方案创新和运营创新： 通过收购重组了德阳电缆厂、天津变压器厂、衡阳现代电器设备集团、鲁能泰山电缆厂、沈阳变电器厂等，使特变电工成为世界一流的输变电研发和生产系统集成商
成长业务（H2）	煤电硅能源产业链（煤炭开发、火力发电、多晶硅、硅片、组件、光伏电站）	2022 年度特变电工集团 70% 以上的盈利来源于煤电硅绿色产业链的价值创造	新的商业模式： 成立天池能源公司经营煤炭开采，成立新特能源从事多晶硅产业，成立新能源股份公司从事风电和光伏运营，打造了全国唯一的煤电硅类 EPC（设计采购施工总承包）企业
新兴业务（H3）	围绕未来新能源领域的核心技术、新材料的研发及投资（智能电网、太阳能、风能、储能等领域）	围绕未来新能源产业的兴起，构建公司全面的核心竞争力	全新技术研究和突破；全新产品和解决方案。 创造新市场： 控股或参股多家公司，从事能源新材料、锂矿开采、储能新技术、智能电网核心技术的研发，构建新能源的价值链环节

很多人在感叹谷歌强大的业务组合模式时，类似特变电工这类优秀的中国企业，不是坐看风起云涌，而是通过自力更生和艰苦奋斗，在运营创新、商业模式创新、全新技术和产品创新等诸多方面，均取得傲人业绩。

第十二节　以客户为中心进行价值驱动业务设计

BLM 中的业务设计是在回答企业如何从市场上赚钱。在战略设计中，不管企业规划了多么令人激动的战略意图，对目标市场进行了如何深刻的分析和判断，以及设计了卓尔不群的创新方式，最终都要回答：企业赚的是谁的钱？是怎么赚钱的？如何持续赚钱？对上述问题进行深思熟虑并制定出整体方案的过程，称为业务设计，如图 3-15 所示。

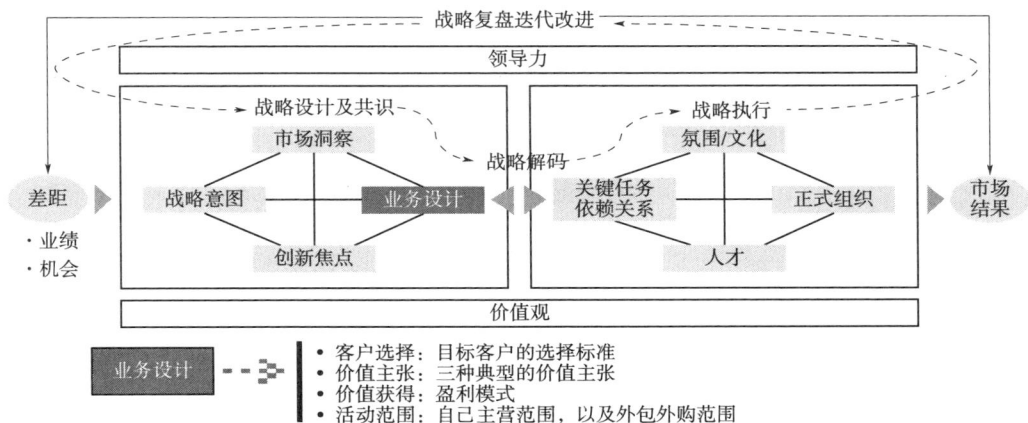

图 3-15　BLM 之业务设计

在第一章中我们介绍了 BLM 的战略规划模块是来自《发现利润区》的业务设计模型。书中作者提出了业务设计的理论框架，也被称为 VDBD 模型。VDBD 模型有两个关键词：以客户为中心、价值转移趋势。只有很好地理解了这两个概念，才能明白业务设计实质上是一种与持续变化的客户偏好和价值转移趋势相协调的商业模式设计。

该书主创 CDI 团队选取了一些在当时（20 世纪 90 年代）长期占据全球领先地位的美国公司，包括通用电气、可口可乐、英特尔、迪士尼、微软等来研究他们的利润模式。通过调查研究，CDI 团队提出一个全新的观点：

大量企业将迎来长达十年以上的持续低利润和低增长期，根本不知道未来的利润来自哪里。以产品为中心，获得高市场占有率和高数量增长必将带来高利润的观点早已过时。只有秉持以客户为中心，以利润为导向，重新进行企业业务设计的企业，才能实现真正的、可持续的盈利和增长。

我们以微软的企业业务设计为典型案例，去了解微软为什么放弃"以产品为中心"而全面转向"以客户为中心"的利润模式，见表 3-14。

表 3-14　微软的企业业务设计创新

业务设计	1975 年	1981 年	1990 年	1995 年	2015 年
客户选择	程序员	程序员；个人计算机制造商	程序员；个人计算机制造商；Mac 电脑客户；非 Mac 计算机客户	程序员；个人计算机制造商；Mac 计算机客户；非 Mac 计算机客户；网络客户	企业客户；消费者；个人计算机制造商
价值获取	软件销售	软件销售；安装基础产品	安装基础产品	安装基础产品；规模收益递增	安装基础产品；规模收益递增；多种产品、服务、解决方案
产品差异化、战略控制	创建标准	创建标准	创建标准；品牌；与原始设备制造和应用程序开发商的关系	创建标准；品牌；与原始设备制造商和应用程序开发商的关系	创建标准；品牌；企业客户关系；与原始设备制造商和应用程序开发商的关系
业务范围	程序语言	桌面应用软件	桌面应用软件；捆绑式软件	桌面应用软件；捆绑式软件；通信；网络；交换	生产力和业务流程管理软件；智能云；桌面应用软件；硬件产品

　　1975 年，年仅 20 岁的比尔·盖茨创立了微软公司（以下简称微软）操作系统，他主要的客户就是程序员，把软件卖给类似自己这样的软件开发极客。后来微软把 MS-DOS 操作系统放到了 IBM 生产的个人计算机里，IBM 每卖出一台计算机，都要付给微软版税。微软依靠该模式建立了自己在 PC 时代的王者地位，Windows 这个拳头产品成为微软的核心，也代表微软的一切。时代的变迁，客户偏好的改变总是不请自到，感受不到世界变化的微软，即使有全世界最牛的 Windows 产品，也无可避免地步入了业务衰退期，2013 年的市值不到 1999 年的一半。2014 年萨提亚·纳德拉担任微软 CEO，他不再以 Windows 为核心，而是将自己的视线回到客户身上，思考真正能为微软带来价值增长的客户是谁？

纳德拉看到了搜索时代、移动时代给世界带来的改变，认为桌面操作系统的未来是商务办公场景，企业客户才是微软最大的目标客户群体。针对这个目标群体客户的偏好，微软推出了一系列产品，包括 Office 365、Dynamics、Azure 等，均取得了巨大成功。

除了企业级客户所需的软件产品和智能云产品，微软也看到了苹果公司给庞大的消费者市场带来的变化，即个人消费品市场中需要的各种硬件产品机会。于是，微软陆续推出了平板电脑、鼠标、键盘、游戏机等产品。

根据 2021 年微软的财报披露，微软的营业收入由三部分组成，见表 3-15。

表 3-15　微软 2021 年营业收入及产品品类

微软产品线	营业收入（百万美元）	营业收入占比	运营利润率
生产力和业务流程（Office 商业版、Office 个人版、LinkedIn、Dynamics 系列）	53 915	32.08%	45%
智能云（Azure 公有云、SQL 数据库、服务器操作系统、数据中心管理软件、Visual studio 和 Gthub、Nuance、客户支持和咨询）	60 080	35.74%	43%
个人计算机（Windows、Surface 硬件和各种 PC 配件、游戏业务）	54 093	32.18%	36%
小　　计	168 088	100%	42%

2021 年微软的营业收入同比增长了 17.53%，归母利润达到 621.71 亿美元，同比增长 38.37%。传统的以 Windows 为核心的个人计算机业务产品线，仍然在给公司创造利润，但营业收入占比仅为 32%，利润率也是最低的。面向企业客户群体的智能云，以及生产力和业务流程业务群，不仅利润率高，也是微软最大营业收入和利润的贡献者。如果微软还沉浸在 Windows 市场占有率高达 90% 以上而沾沾自喜，秉持以产品为中心，而不是以客户为中心，看不到客户偏好变化，以及由于客户变化带来的价值链转移，没有在 2015 年之后全面重构业务设计，大概率微软这家公司，要么被人收购，要么已江河日落。

以产品为中心和以客户中心，这两种经营模式有什么典型区别吗？它们二者最大的不同在于价值链认知的差异，如图 3-16 所示。

以产品为中心价值链的源点是"我中心"，即以企业的核心竞争力为起点，做自己最擅长的产品，然后再想方设法卖给客户；以客户为中心的价值链的源点是"他中心"，即"客户中心"，是企业观察客户需求发生了什么变化？客户有什么新的偏好？企业依据市场和客户的变化去实现客户的需求。在这个过程中，可能一些能力我并不具备，所以要去建立、购买及整合这些能力，目的就是为了提供让客户真正需要和喜爱的产品和服务。

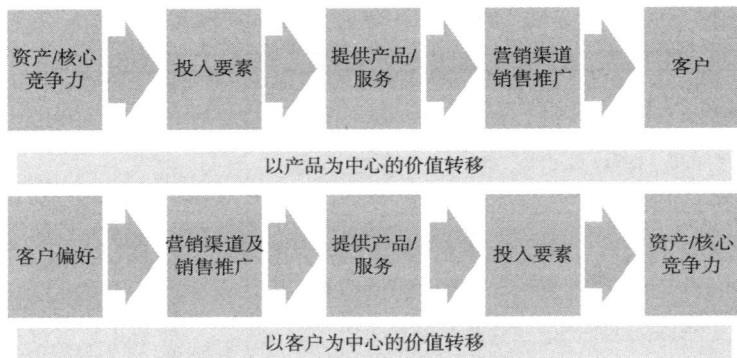

图 3-16　不同的价值转移模式

VDBD（价值驱动业务设计）模型的最大价值，深刻揭示出商业世界的利润是分配给那些经营模式更具价值的企业，而不是市场份额最高的企业。以客户为中心是克服企业从自身出发的惯性，将更多的时间和精力投入到聆听客户的声音，观察客户需求的变化以及价值链转移的变化，并围绕客户新需求构建新的资产／核心竞争力。

【工具箱：　企业盈利模式】

《发现利润区》一书中，CDI 团队首次提出了企业盈利的 22 种利润获取模式，见表 3-16。

表 3-16　盈利模式及运用企业

序号	盈利模式	运用这些模式的领先企业
1	客户解决方案模式	通用电气、美国汽车协会、ABB、纳尔科、惠普
2	产品金字塔模式	斯沃琪、美泰
3	多单位系统模式	可口可乐、梦幻度假村集团
4	配电盘模式	嘉信理财、明星艺人经纪公司
5	速度模式	英特尔、信孚银行、索尼
6	卖座大片模式	默克、迪士尼、美国国家广播公司
7	利润乘数模式	迪士尼、维珍、本田
8	创业者模式	3M、ABB、美国热电公司
9	专业化模式	ABB、EDS、华莱士公司
10	基础产品模式	微软、奥德赛、吉列、通用电气
11	行业标准模式	微软
12	品牌模式	英特尔、可口可乐
13	特殊产品模式	大力神、默克、3M、大湖化学
14	当地领导模式	星巴克
15	交易规模模式	摩根士丹利、英国航空公司
16	价值链定位模式	英特尔、大片音像公司、共和工程工业公司
17	周期模式	丰田、陶氏化学
18	售后模式	通用电气、软银
19	新产品模式	康柏、克莱斯勒
20	相对市场占有率模式	宝洁、菲利普·莫里斯国际
21	经验曲线模式	米利肯、艾默生电气
22	低成本企业设计模式	纽柯公司、西南航空、戴尔

第十三节　设计战略控制点保护利润护城河

业务设计是对企业各类业务进行盈利模式设计，这是业务级别的设计规划。大中型企业通常是多业务发展的，各业务都需要因地因时制定本业务领域的商业模式。一旦业务设计存在问题，后期的战略解码和战略执行阶段就会困难重重。在业务设计阶段，战略规划团队通常会面临以下问题的挑战：

（1）当下各业务类型的业务设计是否需要重新设计？为什么？

（2）如何根据外部环境变化，将企业长期、中期、短期战略目标与未来业务组合，即核心业务（H1）、成长业务（H2）、新兴业务（H3）进行有效匹配和设计？

（3）是否准确识别出 H1、H2、H3 的价值转移趋势，企业是否为抓住价值环节提前建立了关键能力？

（4）客户为什么选择我们，而不是竞争对手？各业务类型战略控制点足够吗？

（5）企业是否建立了二元性组织？是否通过一致性模型诊断，识别出影响业务设计落地的重大问题点？

从我们过往的咨询案例来看，业务设计环节最难的是（3）和（4）。（3）对所有企业而言都是最大的难题和挑战，而（4）与中国当前经济发展阶段，以及企业的经营实力密切相关。

在《发现利润区》中，CDI 团队提出了战略控制点指数概念，见表 3-17。

表 3-17 战略控制点指数表

保护利润能力	控制点指数	战略控制点	实 例
高	10	制定行业标准	微软
	9	管理价值链	英特尔、可口可乐
	8	领导地位	可口可乐
	7	拥有客户关系	通用、EDS
中	6	品牌、版权	很多
	5	产品开发领先两年左右	英特尔
低	4	产品开发领先一年时间	罕见
	3	具有 10%～20% 的成本优势	纽柯、西南航空
无	2	具有平均成本	很多
	1	没有成本优势	很多

根据表 3-18，我们可以清楚地看到，现阶段中国绝大多数企业的战略控制点位于控制点指数 1～4 之间，少数企业能冲到 5～6，7 以上的企业凤毛麟角。这也是为什么战略规划阶段很多企业大谈特谈战略意图、市场洞察、创新焦点，却不能将业务设计谈透做深，因为企业保护利润的能力实在偏弱。

如何通过业务设计模块牵引自身的业务发展，逐步向高价值高利润模式转移，是企业在战略规划阶段需要完成的最重大命题。为了更好地说明什么是与时俱进的业务设计，我们以华为手机业务举例说明。

华为手机业务起步于 2003 年，为各大运营商提供 ODM（委托设计与制造）手机。做手机并不是华为主动的选择，而是华为当年的衣食父母，各大运营商需要这个产品。起初华为的白牌手机业务做得并不成功，中间一度还想把这块业务卖掉。当时负责公司战略及 Marketing 业务的高级副总裁郑宝用提交了一份市场分析报告，认为通信行业未来的发展方向一定是云—管—端，手机产品就是其中的端，这个市场太大了华为不能放弃。任正非先生接纳了建议，将这块业务予以保留，才有了后面华为持续七八年给运营商做贴牌手机，业务量不大，也赚不了大钱，但是可以维系与运营商的良好关系。

2010 年，随着苹果 iPhone4 席卷全球，乔布斯创造了一个开天辟地的新时代。华为敏锐地意识到智能手机相当于人类凭空又长出了第三只手，这个庞大的终端市场价值之重大已不需怀疑。余承东 2011 年开始接手手机业务，提出要放弃低端机向中高端机型进军，他带领团队经过六七年奋斗，硬是将华为手机业务冲到了世界一流梯队。2019 年，华为（含荣耀）智能手机市场份额达到 17.6%，稳居全球第二，超越了苹果仅次于三星。

2012 年 9 月，余承东主管手机业务后，发了这样一条信息"自从负责华为消费者业务后，我们做了几个大调整：①从 ODM 白牌运营商定制，向 OEM 华为自有品牌转型；②从低端向中高端智能终端提升；③放弃销量很大但并不赚钱的超低端功能手机；④启用华为海思四核处理器和 Balong 芯片；⑤开启华为电商之路；⑥启动客户体验 Emotion UI 设计；⑦确定硬件世界第一之目标。"

这七条调整意见，重点思考和回答了以下命题：产品愿景、目标客户、价值定位、价值获取、战略控制、业务边界、组织能力和风险管理等八个核心问题，其实这就是华为终端 BG 管理层对手机业务所进行的全新的业务设计，见表 3-18。

表 3-18　华为手机的业务设计

要素	核心问题	对华为业务设计的解读
产品愿景	产品中长远目标	确定硬件全球第一之目标；这个长远目标非常高远，激动人心，催人奋发
客户选择	你为谁服务？细分客户群	从 ODM 白牌运营商定制，向 OEM（原始设备制造商）华为自有品牌转型；目标客户不再是 B 端客户（运营商），而是 C 端个人消费者客户群
价值定位	产品的定位	从低端向中高端智能终端提升、放弃销量很大但并不赚钱的低端功能手机；定位于中高端产品，做手机界的奥迪和保时捷

续上表

要素	核心问题	对华为业务设计的解读
价值获取	盈利模式	开启华为电商之路; 放弃之前的运营商渠道,打造全新的全球线上线下营销网络,获取价值链/生态链的微笑曲线
产品差异化和战略控制	核心竞争力、战略控制点	启用华为海思四核处理器和巴龙芯片、启动客户体验 Emotion UI 设计; 通过优秀设计、核心技术领先、遍布全球营销网络这三大核心竞争力,构建战略控制点
业务边界	行业价值链中的定位; 自己做什么,伙伴做什么	向微笑曲线的两端延伸,自己做设计开发和营销,寻找优秀的代工伙伴

我们把时间线再次拉长,可以看到华为手机之所以成功,是因为华为做到了以客户为中心,以利润为导向,重新进行企业业务设计,才能实现真正的、可持续的盈利和增长,见表 3-19。

表 3-19 华为手机业务设计变迁

要素	2005 年	2012 年	2015 年	2019 年
客户选择	运营商	运营商;低收入个人消费者	低收入个人消费者;中收入个人消费者	中收入个人消费者;高收入个人消费者
价值获取	ODM 运营商定制	ODM 运营商定制;自有品牌低端产品销售	产品销售、服务销售、广告收入	产品销售、服务销售、广告收入、品牌溢价
产品差异化和战略控制	客户关系	客户关系;低价优势	价格优势、上市时间领先、产品质量、全球营销网络	创建标准、管理价值链、品牌、生态链
业务范围	研发生产白牌功能机	研发生产白牌手机;研发自有品牌低端智能机	研发中端智能机、研发处理器、研发芯片、搭建全球营销网络、生产外包	核心器件研发,核心软件系统研发;向全球客户提供产品和服务;管理价值链

手机行业要想获得高利润，只能来源于控制了产业链的价值环节，包括高性能芯片、核心操作系统、应用生态系统、整合全球线下线上营销网络等。正是不甘于在低端市场拼价格，华为走上了自研麒麟芯片、自建鸿蒙操作系统的道路。这是一条最难的道路，但只有这条路走通了，企业的战略控制点方有了高能力保护利润的护城河。

在中国，华为不会是独一无二的个例。随着越来越多的中国企业历经几十年的努力拼搏，他们的战略控制点正在发生显著变化，从成本优势进阶到客户优势、研发优势、品牌优势，并积极地向管理价值链、行业标准进阶。

第四章 战略解码

战略解码是通过可视化的方式，将组织的战略规划转化为全体员工可理解、可执行、可检查、可评价的行为的过程。

企业在正式启动长中短期战略目标行动前，为了保障战略目标的实现，由企业最高领导者组织战略规划团队和战略执行团队，对目标、策略、关键任务、组织资源、团队士气进行充分研讨和审视，最终达成统一思想、统一目标、统一策略、统一行动的过程，就是企业版的战略解码。

第一节 实现战略、战术、战斗的统一性

商场如战场，企业经营的成功也需要实现战略、战术、战斗的三位一体。BLM强调企业的战略规划制定好后，不要直接进行执行环节，还是要进行战略解码，即由企业领导者组织战略规划团队和战略执行团队，对目标、策略、关键任务、组织资源、团队士气进行充分研讨和审视，最终达成统一思想、统一目标、统一策略、

统一行动，方能有效确保战略的可执行性。

对于企业而言，战略解码是通过可视化的方式，将组织的战略规划转化为全体员工可理解、可执行的任务，且对执行任务情况可评价的全过程，如图 4-1 所示。

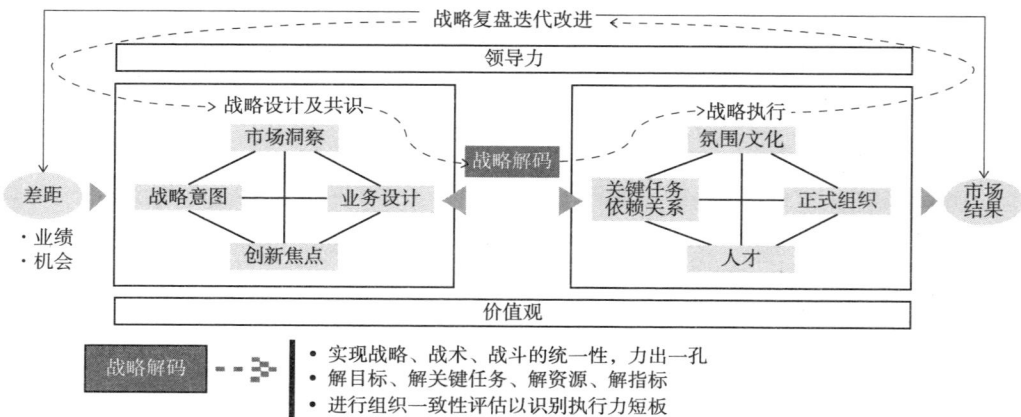

图 4-1　BLM 之战略解码

战略解码是一件非常专业且有相当难度的工作，需要建立专项团队（比如战略解码小组）。战略解码小组的参与人员包括：企业战略决策层、战略规划小组成员、战术策划层（比如企业副总裁、业务单元总经理、产品线总裁、各中心总监、部门经理等）。特殊情况下，还可邀请外部咨询顾问参加。

解码小组在开展工作时，首先要建立战略解码的基本原则：

（1）垂直一致性原则。以企业战略目标为基础，自上而下垂直分解，保证组织职能的纵向承接一致性。

（2）水平一致性原则。以企业业务目标为基础，建立部门间对业务目标的协同关系和连带责任关系，保持横向一致性。

（3）导向性原则。针对企业重点目标及核心能力，解析关键任务，将企业资源优先保障关键任务实现。

（4）责、权、效、利一致性原则。责任、权力、绩效、利益是相辅相成、相互制约、相互作用的。为了实现企业战略目标，应保证各职位责权效利的一致性。

在咨询过程中我们发现，企业的组织结构如果采用金字塔式的职能式结构，解码过程中主要确保垂直一致性。而在强矩阵式组织结构下，端到端的业务流程已正常运行，职能部门是能力建设中心，业务单元是作战单位，企业的战略重点往往围绕业务单元的经营目标展开。战略解码的重点，反而要确保水平一致性。

关键性的少数往往决定了企业当下及未来，企业每一战略周期内的任何一个年度周期内，都有经营管理的重点：或以营业收入为重、或以利润为重、或以新产品上市为重、或以新业务模式快速复制为重、或以弥补能力短板为重等。对于各类优先发展的业务、重点加强的能力，战略解码在兼顾均衡性的同时，更强调方向的导向性和资源的倾斜性。

一些企业在战略解码时，过分强调各职位的任务、考核指标，却淡化资源、权力和利益，无法有效点燃员工的动力源。坚持责、权、效、利的一致性，是从人性角度出发，激励全体员工自愿自发实现组织的共同目标。

具体到战略解码的方法论，一些优秀的大型企业建立了 BEM（业务执行力模型），但这个模型要求企业有较高的管理成熟度。绝大多数的中小型企业，并没有建立规范化的端到端的业务流程体系，通常缺失 IPD（集成产品开发）、LTC（2B 业务线索回款流程）、IPMS（2C 业务销售管理流程）、ITR（问题到关闭流程）、DSTE（战略到执行流程）等核心业务流程。企业内部的财务预算体系、人力资源管理体系、IT 信息化体系、运营内控管理体系等也比较薄弱。一味僵化复制大企业复杂的战略解码方法及工具，既无法实现也容易作茧自缚。

对于中小型企业，我们发现在战略解码阶段，只要做好了四件事情的澄清，即澄清目标、澄清关键任务、澄清资源需求、澄清绩效指标，一样可以实现战略、战术、战斗的统一性。表4-1 给出的四要素澄清虽然简单，但精准而有力量。毕竟管理不需要花架子，应该根据企业的现状采取适合的管理手段，持续于管理改进。

表4-1 战略澄清四要素

内容	澄清目标	澄清关键任务	澄清资源需求	澄清绩效指标
责任人	战略规划团队	战略解码团队	战略解码团队	战略解码团队
成果	差距分析；战略意图；市场洞察；创新焦点；业务设计	产品、服务和解决方案 BP；产品预研和技术平台 BP；发货 BP；供应链 BP；质量及 IT 建设 BP	关键能力；最短缺因子；组织结构、关键人才、员工激励解决方案；全面预算管理	组织绩效指标；团队绩效指标；员工绩效指标

1. 澄清目标

澄清目标是由战略规划团队汇报战略设计阶段的重要成果，包括差距分析、市场洞察、战略意图、创新焦点、业务设计等。

澄清目标的过程肯定不是一次就能完成的，企业高层需营造开放包容的工作氛围，始终广开言道，不仅让信息得到充分交流，还要让各类观点得到有益碰撞。这个过程的讨论越是充分和激烈，越便于整个团队对战略目标共识的达成。

2. 澄清关键任务

关键任务是指实现战略意图和满足业务设计所必须采取的行动，是把一个中长期战略规划 SP（战略规划）转化为年度业务计划 BP（特指每一年的工作目标），最终将 BP 转化为员工能理解的 KT（关键任务）的过程。

无论是战略意图还是业务设计，都是用战略语言描述企业如何给自己定位？建立何种差异化优势？如何持续盈利？可这样的战略语言，员工既看不懂也不清楚自己如何做才是正确执行了企业的战略规划。员工每天从事的是非常具体的工作任务，比如开发某个新产品、开拓某个新市场、销售某类产品、安装某种设备、核算某个产品的成本等。战略解码小组只有将战略语言转化为员工看得懂听得明的工作任务，并指导员工从众多工作任务中识别出关键任务 KT，员工才知道了工作的方向和工作的重心。

战略规划的起点是战略意图，终点是业务设计，战略解码过程的核心是紧紧围绕战略意图，制定确保业务设计可落地的关键行动计划。

3. 澄清资源需求

员工完成每一项任务企业都需要投入资源，比如企业需要采购原材料和机器设备、建造办公大楼和生产车间、构建销售渠道、进行品牌传播、提升员工能力等。企业从看到机会到机会实现，除了对天时地利的把控，更需要拥有核心竞争力和重要资源。

资源澄清，通常以财务全面预算、人力资源盘点两条主线来展开，将完成工作任务所需要的资源进行初步预算，并与企业当下的实际情况进行对比分析，二者存在的差异或者不匹配性，就是下一步财务进行资金筹划、人力资源进行人才寻找及培养、企业弥补短缺因子等所有工作内容的输入项。

一些中小企业的财务和人力资源负责人，对企业相关业务活动理解不深，这是导致战略设计到执行最终变得貌合神离的重要因素之一。对于一个企业而言，最重要的资源无非是人力资源和财务资源，负责这两块职能的负责人，越能理解业务目标和关键任务，越能更好地进行资源的寻找、配置和过程管理。

4. 澄清绩效指标

以客户为中心是 BLM 的最核心诉求。如何衡量我们的使命、愿景、中期战略规划、短期目标计划，以及普通员工的工作任务紧紧围绕以客户为中心？战略解码的最后一项工作就是澄清绩效考核指标。

在咨询过程中我们发现，在设计绩效考核体系时，大多数企业都选择平衡记分卡（BSC）。BSC 中的财务指标是比较容易定义的，困难的是客户类指标、内部流程类指标的澄清和定义。要做好绩效指标澄清，要做到以下四点：一是企业要逐步建立客户意识和流程意识；二是企业要建立关键业务流程，比如 IPD、LTC、ITR；三是负责绩效管理的部门，比如企业管理部、人力资源部和财务部，要理解战略和公司业务，是名副其实的内部管理专家，具备能将组织目标一步一步向下分解，最后形成团队目标和员工个人绩效目标的专业能力；四是各业务单位负责人不能光懂业务，还要了解财务预算和人力资源管理的基本理论，并熟练使用相关的管理工具。

综上所述，战略解码工作质量的高低，关键在于战略解码团队是否具备良好的翻译水平，即将战略语言成功地转化为执行语言。

第二节　澄清目标并将目标数据化

澄清目标是深刻理解企业的战略意图后进行阶段性的里程碑规划，最终将战略规划（SP）有序分解为年度业务计划（ABP/BP）的过程。

在第三章第二节中，我们曾讨论过 BLM 所定义的战略意图，主要包括使命、愿景、企业核心价值观、战略和目标这五大方面。战略解码阶段的解目标其实就是将企业使命（终极目标）分解为愿景（长期目标），再分解为战略（中期目标），然后进一步细化为一年期业务计划（短期目标）的过程，如图 4-2 所示。

企业进入战略解码环节，通常面临两个具体的问题：一是谁更适合担任战略解码小组的负责人；二是战略解码过程中可供选择的管理工具有哪些。

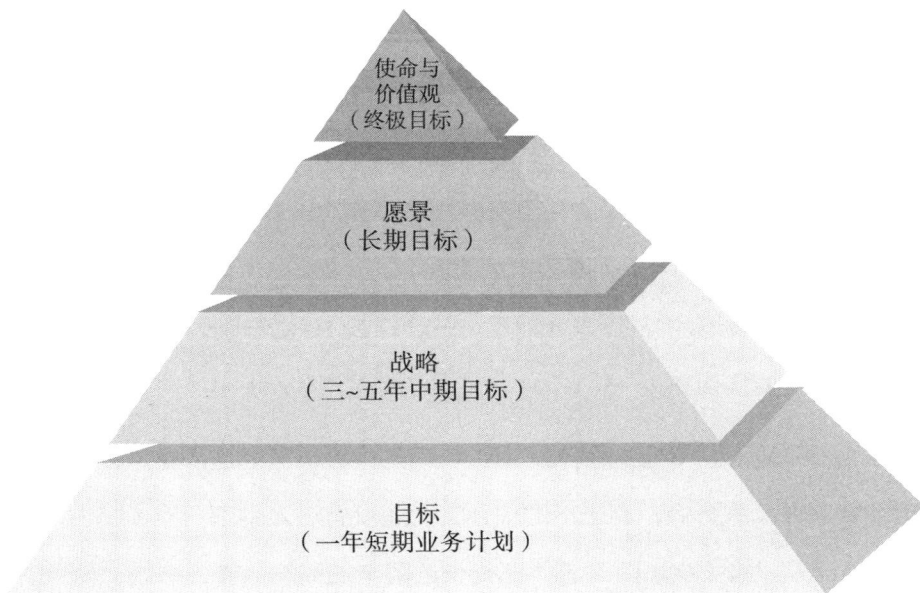

图 4-2　战略意图分解图

企业总裁、常务副总裁是比较适合担任解码小组组长的人选。企业战略地图和安索夫矩阵是解码过程中常用的管理工具。

下面以 YM 公司为例说明战略解码团队如何解目标的。

YM 公司是国内一家专注于智能物联某细分市场领域的高新科技公司。该公司的战略规划团队在 2022 年 10 月份，依据 BLM 输出了公司的战略意图，见表 4-2。

表 4-2　YM 公司战略意图

要素	具体描述
使命	以卓越产品和服务构建万物互联的美好世界
愿景	成为健康且长寿的全球一流企业，成为最受人尊敬的创新型企业
企业价值观	成就客户、团队合作、开放、创新、自律、敬业
战略	2027 年营业收入目标 50 亿元，5 年间销售收入复合增长率 20% 以上，税前利润率不低于 15%
目标	2023 年营业收入目标 23 亿元，销售收入 150 万元 / 人

为了让战略解码团队理解战略意图，YM 公司的战略规划小组组长林总（公司战略与市场中心副总裁）对参加战略解码会议的全体成员进行了战略规划成果（已经达成共识）的专项汇报，主要内容如下：

（1）差距分析。根据公司前 9 个月经营数据情况，预测 2022 年公司营业收入有望达到 18 亿元，大概率位列国内市场第四名，比 2021 年排名上升了 3 位。在该细分领域，中国市场前 3 名公司分别是……全球前 10 名分别是……公司的业绩差距和机会差距主要体现在……

（2）使命、愿景、企业价值观。YM 公司的终极目标是成为全球最领先、最优秀的智能物联产品服务商，而当下的综合实力还没有进入中国一流（国内行业前三甲），距离世界一流（全球前五名）还有长远艰辛的路途需要去跋涉。因此，企业唯有坚守核心价值观，围绕客户需求建立强大的产品创新能力和优秀的运营能力，才能实现企业的长期目标。

（3）下一个五年即从 2023 年至 2027 年，公司中期战略目标要成为中国市场第一梯队（行业前三甲）。根据战略规划团队所做的市场洞察分析，公司的销售复合增长率如能达到 20% 以上，税前利润率不低于 15%，2027 年营业收入就可以实现 50 亿元，有望成为中国市场该细分领域的前两名，坐二望一。

（4）2023 年是能否圆满实现五年战略规划的关键一年。在确保现金牛 A 系列产品继续保持行业龙头地位外，还要做好两件事：一是 B 产品线的 TT 系列产品去年只拿下了华北市场，2023 年必须成功拿下华东和华南两大市场，总体市场占有率要达到 20% 以上，成为公司营业收入和利润增长最快的产品系列；二是中批试产通过的 C 产品线 HH 新产品，营业收入要实现 8 000 万元。综上所述，2023 年公司营业收入需实现 23 亿元以上，税前利润目标 3.3 亿元。

（5）通过对市场的深入分析研究，家用智能机器人市场是一个万亿规模的新兴市场，行业复合增长率达到 60% 以上，如能成功进入家用智能机器人行业，公司未来可实现营业收入超千亿元的梦想。战略及市场中心完成了该产业市场调研相关工作，在公司董事会的指导下进行资本层面和技术层面的整合工作，计划在 2023 年 10 月份上市首款产品，营业收入达到 500 万元。

战略规划小组专题汇报完成后，接力棒交到战略解码小组。经公司领导决定，常务副总裁秦总任解码小组组长。秦总认为公司 2027 年营业收入要实现 50 亿元，而 2022 年只有 18 亿元，摆在面前的压力和挑战是巨大的。战略解码小组除了真正理解战略意图外，要将精力放在业务设计的穿透，将未来五年中期目标层层剖析为 2023 年至 2027 年每一年的年度目标，其中的关键是 2023 年目标解析。

战略解码小组根据对战略规划内容的理解，制定了公司的战略地图，如图 4-3 所示。

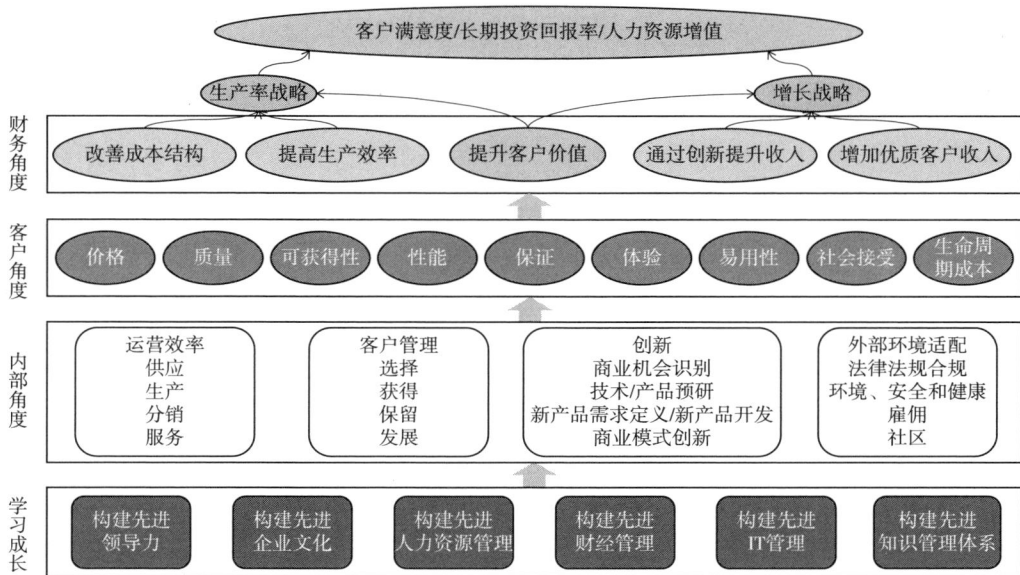

图 4-3 YM 公司战略地图

从 YM 公司的战略地图上可以看到，该企业的终极目标（使命）是以卓越产品和服务构建万物互联的美好世界，将这句战略语言翻译为行动指引，其实是企业终其一生自始至终要做好三件事情：一是提升客户满意度（做好产品及服务）；二是较高的长期投资回报率（持续盈利）；三是人力资源增值（人才辈出）。

具体到 2023 年至 2027 年的五年中期规划，公司销售收入复合增长率 20% 以上，税前利润率不低于 15%，2027 年营业收入突破 50 亿元的总目标，依据战略地图的拆解示意，可作如下澄清：

（1）学习成长维度。2027 年实现 50 亿元营业收入目标需要全新的组织能力支撑，包括：构建先进领导力、构建先进企业文化，以及构建先进人力资源、财经、流程 IT、知识管理的能力等。学习成长维度需要识别出公司潜能，它是目标实现的组织保障。

（2）公司核心竞争力维度。YM 公司同时在成熟市场和新兴市场上参与竞争，不仅在成熟市场上要拥有质量和成本的运营优势，也要快速适应外部环境变化，在新兴市场上建立新业务创新和发展客户的竞争力。企业急需建立二元型组织，以适应不同市场的发展特点。

（3）从客户角度看。$APPEALS（参见第三章表 3-4）这八个维度就是客户需要的好产品和好服务的全部要素。针对不同业务类型和产品线，需要将 $APPEALS 要素融入产品和服务的内核中，并建立与竞争对手产品的竞争优势对比分析。

（4）从财务角度看。能持续赚钱的企业无非做到了以下两点：一是现金流产品线能够持续稳定地供应现金和利润，并支持创新业务的投资；二是创新业务持续有好的产品推向市场，获得更多优质客户并带来营业收入增长。

对 YM 公司而言，五年战略规划的本质是生产率战略和增长战略。生产率战略从财务角度看，是企业在相同的资源条件下可以为客户提供更多更优的产品，这就要求 YM 公司的成熟产品（A 和 B 系列产品）成为实力派的现金牛，持续发展最佳成本结构，有强大的运营能力强化成本和质量优势，以获得更强大的市场地位。增长战略从财务角度看，是企业有能力持续开发新产品，不仅保持营业收入持续增长，而且可以获得更多优质客户以提升公司的盈利水平。这就要求 YM 公司有强大的创新机制，洞察到更好的商业机会，通过技术、产品、商业模式的创新为客户提供优秀新产品及服务。C 系列和 Y 系列产品就属于次新产品和新产品，要成为公司的明星产品，以实现高增长下的高收益。

生产率战略的实现是成熟产品能够为企业提供更多的现金流和市场占有率。增长战略的实现，需要企业识别更好的商业机会并通过创新机制将机会变成现金。为了进一步将战略语言翻译为执行语言，让全体员工对战略目标可视化，YM 公司的战略解码团队使用安索夫矩阵进行了产品 + 市场组合分析，见表 4-3。

表 4-3　YM 公司的产品 + 市场组合分析

产品 + 市场组合	代表系列	经营策略	2023 年目标
老产品 + 老市场	A 产品线	市场渗透策略：其核心是优秀的运营能力，供应链中心不断提高资产效率和改善成本结构前提下，销售中心将 A 系列产品继续往四五线以下城镇和乡村进行渗透	营业收入 15.6 亿元，同比 2022 年增长 5%；综合毛利率 30%
老产品 + 新市场	B 产品线	市场开发策略：其核心是销售渠道的开拓能力，在产品拥有成本和质量优势的前提下，销售中心要将 B 系列产品，尤其是将 TT 产品成功占据华东、华南两个重要市场	B 产品线营业收入 4.8 亿元，其中 TT 产品系列营业收入 3 亿元，华东和华南市场占比 50%；综合毛利率 40%
新产品 + 老市场	C 产品线	新产品开发策略：其核心是研发中心的新产品快速且高质量上市，尤其是 2022 年已试产合格的 HH 产品	C 产品线营业收入 1.96 亿元，其中 HH 产品系列营业收入 8 000 万元；综合毛利率 56%
新产品 + 新市场	Y 产品线	组合策略：其有相当难度，既要开发全新的家用智能机器人产品，还要开发全新的客户群体，对于公司的战略规划、新技术平台研发、产品开发、供应链、渠道开发均面临挑战	Y 产品线营业收入 6 400 万元，其中 TD 产品营业收入 500 万元；综合毛利率 65%

经过战略规划小组和解码小组的多次研讨，最终两个团队达成了共识，形成了 YM 公司中期战略规划和年度经营目标澄清，见表 4-4。

表 4-4　YM 公司中期战略规划和年度经营目标澄清

战略目标	2023 年	2024 年	2025 年	2026 年	2027 年
销售收入（亿元 / 年）	23.00	28.00	35.00	42.00	50.00
A 产品线	15.60	—	—	—	—
B 产品线	4.80	—	—	—	—
C 产品线	1.96	—	—	—	—
Y 产品线	0.64	—	—	—	—
税前利润（亿元 / 年）	3.90	4.50	5.60	6.70	8.10
税前利润（按各产品线，亿元 / 年）					
市场份额（按各产品线）					
客户目标					
区域目标					
产品目标					
渠道目标					
运营目标	人均销售收入 150 万元 / 人；期间费用率 40%；应收账款周转天数 150 天；TPM（变革成熟度）达到 2.6 分以上				
新业务目标：产品、技术预研　新产品　技术平台　公司资源匹配　上下游伙伴	融资 5 亿元，投入家用机器人新业务；成立 TD 产品和技术预研团队；寻找 TD 产品的制造合作伙伴；组织变革及二元性组织模式建设；企业文化重新刷新				

YM 公司的战略目标澄清，有以下鲜明特点：

（1）实现五年中期战略规划的支撑点，是市场机会而非企业资源和能力。优秀的企业均是自我改革者，他们时刻关注外部市场环境的变化，善于洞察到未来发展的新商机。在绝大多数情况下，企业想要实现这些商机，当下并不具备能力和资源。中期战略规划的目的是发现新兴市场的巨大商机（比如 YM 公司的家用智能机器人市场），并展示中期目标与企业现实情况的缺口，引发团队成员对现状不满意，从而倒逼组织实施变革管理，建设二元性组织以进入新的业务领域和建造新的商业模式。

（2）2023 年的经营目标中，不仅有当年的工作任务，也包括第二年，乃至未来三到五年间的任务和计划。管理专家德鲁克曾说，战略不是研究未来做什么，而是研究现在做什么才有未来。在 YM 公司的 2023 年度经营目标中，不仅包含现有业务（老产品、老客户、老区域、老渠道）的运营目标，还要包括新业务（新产品、新客户、新区域、新渠道）的发展目标，以及为实现新业务企业所需要建立的潜能（人才、技术、合作伙伴等）。

简要总结一下，在澄清目标这个过程中，战略解码团队一定要成为翻译高手，将非常抽象的使命、愿景、战略、目标这类词汇，翻译成营业收入、税前利润、市场份额、产品目标、客户目标、区域目标、技术平台、运营目标、管理优化目标等。只有完成了这个翻译工作，才可能让企业的每一位员工，不仅看到未来的美好（中长期战略规划的牵引力和吸引力），还能清楚地知道今年、明年、后年的目标（营业收入、客户目标、产品目标、运营目标、管理优化目标）。统一思想、统一目标完成后，才有接下来的统一策略和统一行动。

第三节 澄清关键任务并完成战术设计

战略解码团队完成 ABP/BP 的澄清后，要深入思考 BP 计划是由哪些关键任务组成，并围绕关键任务的完成设计战术策略。只要关键任务取得了胜利，战略目标的实现就指日可待。

对于企业而言，所谓关键任务，是指满足业务设计，尤其是价值主张的要求所必须采取的行动。

在企业众多的业务活动中，如何去识别和定义关键任务呢？首先，战略解码团队可以采用如图 4-4 所示的关键任务框架图来识别关键任务。

图 4-4　关键任务框架图

（1）战略意图。我们在本章第二节的澄清目标环节中，已展示出战略意图中的终期目标、长期目标、中期目标、短期目标的分解关系和路径（参加图 4-2）。通过战略意图分析，企业不仅要识别出影响短期目标的关键任务，还要识别出影响企业中、长期战略计划的关键任务。

（2）业务设计。BLM 所定义的业务设计是与不断变化的客户偏好和价值转移协调一致的业务蓝图，主要回答三个问题：赚的是谁的钱（目标客户）、如何赚钱（盈利模式）、如何持续盈利（核心竞争力）。那些凸显价值主张的活动，就是关键任务。

（3）差距（根因）。通过差距（业绩差距和机会差距）分析，企业能够比较清醒地看到当下的能力短板和资源短板。市场机会就摆在那里，将机会变为现实的过程中，企业除了需要核心能力，还需要足够的资源保障。哪些资源和能力可以借助外力弥补？哪些资源和能力需要自己建设？关键资源的获取和核心能力的补短板，就是关键任务。

在战略解码环节，绝大多数企业比较擅长依据战略意图识别出关键任务，但这远远不够。做好关键任务的识别，一定要真正理解 BLM 中业务设计的相关内容，以及实现价值主张的活动这句话的含义。

从客户角色看，我之所以愿意掏钱是你满足了我的需求：要么你的产品遥遥领先让我愿意掏高价；要么总成本最低令我觉得性价比最高；要么你提供的整体解决方案最优，交给你让我省心又省力。

无论企业属于什么行业及处于什么发展阶段，企业的生存只能基于为客户提供的三种价值：总成本最低、产品和服务领先、解决方案领先。这三种价值主张所对应的企业核心能力是不相同的，如图 4-5 所示。

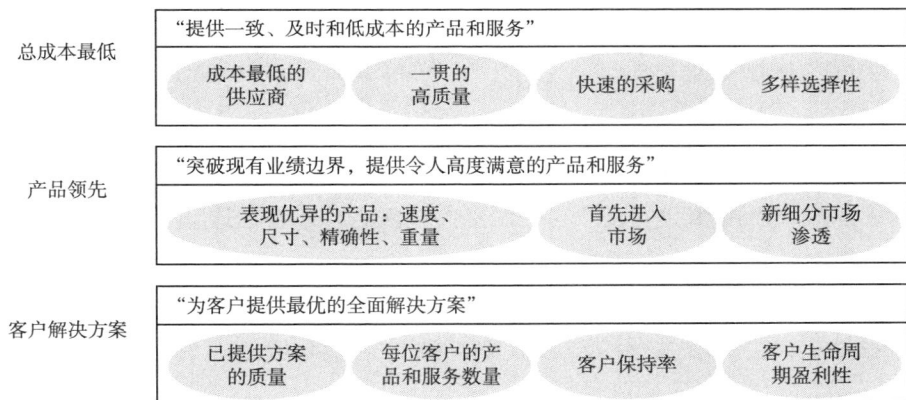

图 4-5 价值主张框架图

小企业通常产品比较单一，只能在三种价值中选择其一。对于大中型企业，内部有若干产品系列处于不同的生命周期阶段，企业需要根据外部环境变化对不同的业务类型进行定位。比如有的定位为总成本领先，有的定位为产品领先，有的定位为解决方案领先。一旦确定了某业务类型和产品系列的价值主张，那些支撑价值主张的行动，就是关键任务。

比如振德医疗、傲雷科技、新美星都是各自细分市场的领导者，同一年内这三家公司针对内部的不同产品系列，选择了不同的价值主张，所以对关键任务的定义也不尽相同，见表4-5。

表4-5　不同价值主张下的关键任务

价值主张	含　义	典型代表	关键任务
总成本最低	强大的运营优势，不是提供最便宜的产品和服务，而是一贯良好品质前提下物美价廉	振德医疗某产品系列	采购部在全球范围内寻找性价比最优的供应商；质量部一贯高标准的供应商遴选机制；IT部建设全球领先的信息化管理系统；扩大生产基地，并搬迁至有制造成本优势的地区
产品领先	强大的新产品研发优势，为高端客户提供最前沿、最令人满意的产品	傲雷科技某产品系列	技术中心突破某核心技术；供应链中心在全国范围内寻找最佳代工伙伴；营销中心在美国和西欧设立直营渠道，服务高端客户；研发中心按照路标规划确保新产品快速上市
解决方案领先	强大的客户理解优势，最能帮助客户解决业务痛点	新美星某产品系列	营销中心建立与大客户的长期友好合作关系；市场中心长期与某行业客户深度绑定，进行客户需求分析；××项目团队进行驻点开发，定制化开发某产品解决方案；与某高校建立博士后工作站，打造公司核心技术平台

除了从战略意图和业务设计当中识别关键任务，还要通过双差分析去发现导致战略目标无法实现的能力短板，将突破短板作为重要的关键任务。

客观地看，小企业生存和发展更多依赖于个人英雄主义。但企业最终做大做强，靠的是流程型组织的有效运行。从这个角度看，企业需要建立的核心能力无外乎以下四类，见表4-6。

表4-6　企业核心能力

类型	运营管理类	客户管理类	创新管理类	法规与社会管理类
目的	提高供应链交付和服务的流程	提高客户价值的流程	提高创新产品和服务的流程	提高环境和社区适配的流程
内容	采购、制造、质量、成本、分销	选择、获得、保持、增长	洞察机会、客户需求、技术平台、产品开发、产品组合	环境分析、合规合法、人员及文化、贡献社区

我们仍以 YM 公司为例，根据公司的战略意图、业务设计、差距分析等，识别出公司级 2023 年关键任务，见表 4-7。

表 4-7　YM 公司 2023 年关键任务

关键任务	责任人	说　明
A+B 产品线实现营业收入 20.4 亿元	营销中心、供应链中心	确保现金牛产品为公司带来稳定收入和利润
HH 产品实现营业收入 8 000 万元	PDT 团队	确保问题产品成长为明星产品
成立 TD 产品的 CDT（任务书开发团队）和 PDT（产品开发团队），完成项目计划	与 TD 项目相关的公司各中心或部门	财务中心、人力资源中心需要按照项目计划为 TD 产品匹配所需资源
引入咨询公司，启动 BLM 专项，提升战略到执行能力，建设二元性组织	战略中心、人力资源中心	打造公司管理平台，让平凡人做出非凡事
招聘 600 名应届生，合格录用率不低于 60%	人力资源中心	其中 70% 以上补充到研发中心
融资 6 亿元于新兴业务的技术和研发	财务中心、证券部	企业快速发展期反而更易获得资金，通过证券市场和银行系统，低成本寻找新业务发展的资金

YM 公司制定的 2023 年关键任务有以下特点：

（1）支撑战略意图，尤其是中短期战略目标的实现。

（2）支持业务设计，尤其是价值主张实现的战略行动。

（3）识别能力短板，尤其是重要流程平台能力的建设。

（4）业务聚焦，关键任务只有少而精，方可集中优势资源实现目标。

（5）年度性的，可周期性进行评价和审视。

战略解码团队在澄清关键任务时切记，关键任务不单单是产品＋客户的组合设计，也不是业务体量最大的产品运营管理，而是要紧紧抓住两大要点：一是凸显价值主张；二是有效弥补核心能力短板。凸显价值主张的关键任务，要么涉及产品高质量低成本交付，要么涉及产品和服务创新，要么涉及客户营销及解决方案。而有效弥补核心能力短板，就是大幅改善组织的运营管理、客户管理、创新管理、法规与社会管理能力。

第四节　将战略资源集中于关键任务

车马未动，粮草先行是一句妇孺皆知的谚语，用在战略解码工作上也十分应景。企业可以圆满完成战略意图，正确地执行关键任务的前提条件，是企业有资源、有能力将好事做好。

澄清资源环节，解码团队需要建立以下八项共识。

1. 资源包含有形资源和无形资源

马克思在《资本论》中说：“劳动和土地，是财富两个原始的形成要素。”随着社会进步和科学技术飞跃发展，如今商业界所定义的资源是指一切可被人类开发和利用的物质、能量和信息的总称，不仅包括自然界存在的各类有形资产，还包括专利、知识产权、市场资源、技术资源、客户资源、品牌资源、信息资源等能为企业带来能量和优势的无形资产。企业进行资源整合及配置，不单单是人、财、物等有形资源的获得和发展，更需要将无形资源充分地向执行团队进行授权和分享，让听得见炮声的人拥有最广泛的资源去做出决策和完成任务。

2. 弥补短缺因子

利比希最小因子法则让人类意识到，只要在合适的时机弥补了短缺的因子，植物就可以快速获得高质高产。如果没有在关键节点及时补充短缺因子，事后再多的投入也是枉然。正确的时间点，识别最短的短板并进行弥补，是企业赢得竞争优势的重要法宝。短板的弥补，不仅需要人财物的投入，还需要企业较长时间持续努力和积累沉淀，方可见到能力一点点补起来。因此，越早识别短缺因子并进行弥补，就能在关键事件中支撑组织目标的实现。就似华为长期聘请 IBM 进行流程再造项目，将企业的关键业务流程短板一点点补了起来，为华为参与全球化竞争赢得了优势。

3. 资源的合理分配

资源的合理分配包括两个方面：一是资源数量的合理分配；二是资源质量的合理分配。

企业当下所进行的关键任务，不仅包含为了今天的收益所投入的工作，还包括为了明天和后天的生存所做的工作。在资源分配中，企业有计划地按照一定比例分别分配给今天、明天、后天的任务，不顾此失彼，就能平衡好核心业务、成长业务、新兴业务所需要的资源。比如我们观察到一些高科技企业，他们将资源的60% ~ 70% 投向成熟市场的运营发展，将 20% ~ 30% 投入未来三五年的迭代类新产品研发和商业模式创新，将 10% ~ 20% 的资源投入到全新技术突破和全新产品的预研。多年雷打不动地坚持这样的资源分配模式，使企业拥有了非常了不起的未来业务组合模式，在成熟市场和新兴市场都成为行业的领导者。

4. 基于客户需求和偏好转移的资源投入

在竞争环境下，拥有更强大资源的一方，通常取胜的概率会更大一些，这似乎是一个基本常识。但有一种情况例外，即客户需求和偏好发生了转移。表 4-8 是2017 年至 2022 年中国家用轿车销量排名前十的对比表。

表 4-8　中国国内家用轿车排名前十

排行榜	2017 年	销量（台）	2022 年	销量（台）	同比
1	大众朗逸	461 061	日产轩逸	420 665	−18.0%
2	别克英朗	421 296	五菱宏光 MINI	404 823	2.4%
3	日产轩逸	404 726	大众朗逸	351 130	−18.7%

续上表

排行榜	2017 年	销量（台）	2022 年	销量（台）	同比
4	丰田卡罗拉	336 765	比亚迪秦	341 943	81.0%
5	大众速腾	327 062	比亚迪汉	272 418	132.2%
6	大众捷达	317 637	丰田卡罗拉	252 790	−23.5%
7	大众桑塔纳	287 334	丰田凯美瑞	242 225	11.3%
8	福特福睿斯	285 029	大众速腾	227 556	−2.8%
9	大众宝来	248 665	本田雅阁	220 771	11.6%
10	吉利帝豪 EC7	239 519	大众宝来	212 732	−15.2%

注：上述数据来自中国汽车流通协会汽车市场研究分会（乘联会）数据。

中国的汽车消费市场被德国、日本、美国的汽车公司牢牢把握已维持了四十多年。但这种局面近五六年间却发生了翻天覆地的变化。2022 年国内家用轿车销量前十名，押注新能源的都在快速增长，特别是比亚迪，直接放弃生产燃油车不仅没有影响公司业绩，而且 2022 年全年销售新能源汽车 186 万台车，同比增长 152.46%。与此形成鲜明对比，老牌燃油车巨头在中国市场的销量，出现了快速下滑。

汽车行业此消彼长的变化，是欧美日汽车大厂仍然坚守传统的资产和核心竞争力投资价值链，即企业根据当前自己拥有的核心能力做最擅长的产品，然后推销给客户。在这种资源投资模式下，是根据自己拥有的资产和核心竞争力来进行投资，企业在什么领域拥有资产和核心能力，就将资源更多地倾斜至该领域以筑建更高的护城河。

大众、别克、日产、丰田、福特等传统燃油车巨头围绕燃油车上下游建立起了强大资源和核心竞争力，包括品牌优势、知识产权及专利、供应链和销售渠道等。由于拥有上述强势资源，这些企业虽然口头上说的是以客户为中心，但企业的经营重心其实是围绕自己所拥有的资源和核心竞争力，只做自己最擅长的燃油汽车产品。

以燃油车主导下的全球汽车行业，一方面深陷石油能源的价格持续走高的趋势，另外一方面各国也面临碳中和的巨大压力。比亚迪洞见到越来越多的消费者需要更环保、更低成本的汽车，为此比亚迪围绕新能源汽车的电池、电机、电控、核心零部件，大力进行资源投入和能力建设，最终建立了自己的资产和核心竞争力。

比亚迪与传统燃油车企业的投资逻辑正好是相反的：前者是客户视角，将资源投向对客户偏好的洞察和研究并最终建立资产 / 核心竞争力。后者是企业视角，将资源投向企业最擅长的业务要素。

人类社会每隔十余年就会出现重大的技术革命。旧时代的技术积累和核心资产在新产业面前，不仅没有任何价值，反而是一项沉重的负资产。战略解码团队在进行资源澄清时，一定要以洞见客户偏好为起点，观察客户需求和偏好是否发生了根本变化，千万不要落入成功路径信赖。

5. 资源倾斜原则

即便是世界上最有实力的企业，资源也是有限的，尤其是优秀的人才。因此，解码团队在进行资源与目标的匹配时，一定要确保关键任务被赋予了充足和优秀的资源，这是保障企业整体战略目标得以实现的基础。因此，资源的合理配置不是雨露均沾，而是将优秀资源倾斜给关键任务、重大项目。

除了对资源的合理分配达成以上共识，企业做好资源澄清工作还需要较强的专业能力，主要包括财务预算体系、人力资源规划体系、权限分配机制。

6. 财务全面预算

对于企业而言，最能够可视化、可评估化、可量化的资源是财务资源。从财务的角度来评估完成战略目标需要什么样的财务投入，企业目前能满足的资源有哪些？无法满足的是什么？缺口就是财务中心接下来的重要工作。

财务全面预算体系是非常专业的一整套财务评估和分析管理工具，大中型企业通常建立了该体系。对于小型企业而言，可根据简化版的预算框架图，来进行财务预算，如图 4-6 所示。

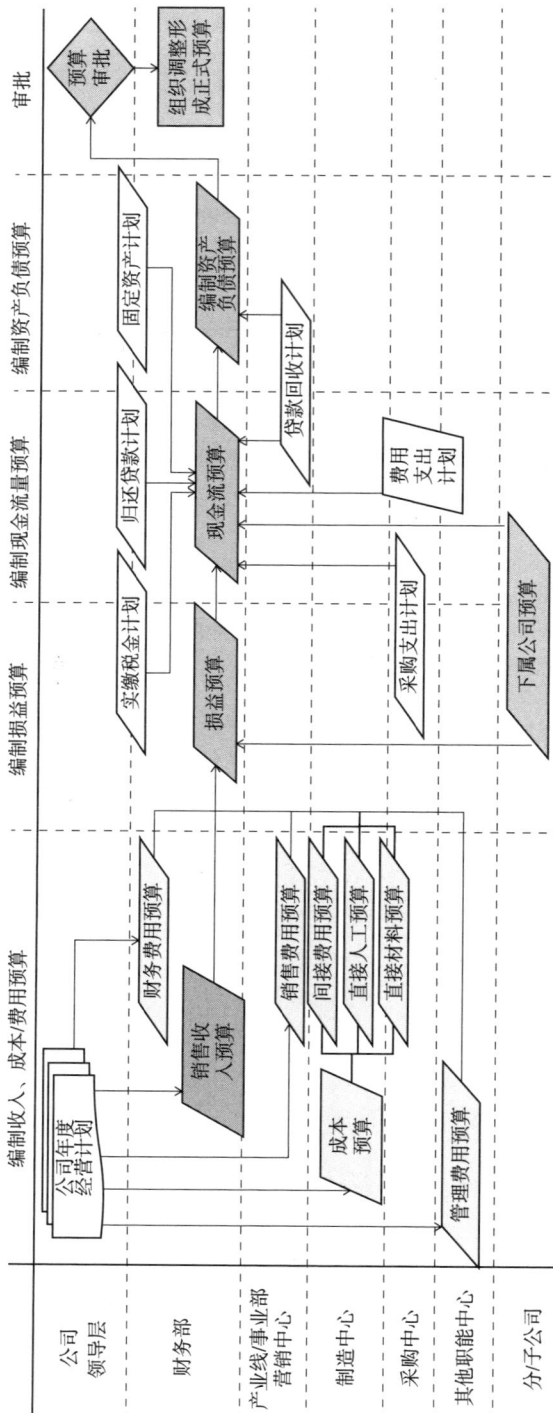

图 4-6　财务全面预算框架图

7. 人力资源规划体系

战略解码过程中，解码小组需要在人力资源部门的协助下，识别当下关键人才与关键任务是否适配。只有关键岗位上配置了充分资源，经营目标的实现才有保障。企业组织结构优化建议、关键人才晋升计划、关键人才补充计划、员工薪酬预算、关键岗位人才激励计划等，都是人力资源规划体系要包括的重要内容。

8. 核心业务分权规范体系

资源不仅包括人、财、物等有形资产，还包括权力、内外部重要信息等无形资产。各岗位的责、权、利如何进行定义和分配，是战略解码团队的重要工作之一。

按照权益相关、权责对称、权能对等、权力制约的原则进行授权、行权和权力监督说起来不复杂，但做好难度极大，关键在于企业一把手的格局和能力。当企业产品单一且规模较小时，企业的权力往往只集中在一把手或极少数管理层，便于决策层依据内外部信息做出决策，这是无可厚非的也是相对高效的资源分配模式。随着产品线的丰富和企业规模的发展壮大，如果企业依然采用决策的高度集权化，大事小事都依靠老板来进行决策，一方面决策人距离一线业务遥远，很难根据环境的变化做出高效决策，另外一方面企业所有人都等着老板来发号施令，还谈什么自动自发和众志成城呢。企业发展壮大的过程，也是企业一把手有效地分配权力、分享利益的过程。

一抓就死，一放就乱，是一些企业在分权中面临的问题。做好授权工作的核心，是建立核心业务流程及与业务流程配套的业务分权规范。业务流程中对各角色的职责和权力进行了定义，业务分权规范依据流程的定义，分别界定相应岗位和角色所拥有的投资管理、产品策划与研发、采购物流、质量管理、订单计划与报价、财务审批、人事权限等相应的权限定义，并在分权规范中明确各权限相应的提案权、审议权、审批权、弹劾权等，就使得权力和信息的分配和使用有了规则，并可以持续优化。

战略解码团队在澄清资源的最后环节，是依据核心业务权力规范手册，将无形资源分配给最能听得见炮声的人，就为澄清资源画上了圆满的闭环。

【小故事：利比希短缺因子】

1840 年，德国化学家利比希在研究土壤对农作物生长影响要素时发现，植物生长除了需要大量的水、二氧化碳以外，还需要一定种类和数量的微量营养元素（比如钾、氨、氮等），供给量最少（与需求量相比）的元素决定着植物的产量。这一发现后被人命名为利比希最小因子法则。这个法则主要包括：

（1）植物生长除了需要水、二氧化碳、阳光，还需要多种微量元素。

（2）在某一个时期，植物缺少的只是某一种元素，称之为短缺元素。

（3）只要在正确时间把短缺元素弥补了，人们不必去做其他任何事情，植物就可以健康生成。

（4）短缺元素的量很重要，少了作用不明显，多了对植物的生长没有好处，反而会有副作用。

（5）短缺元素永远处于变化当中。钾补了，可能缺磷；磷补了，可能又缺了氮……没有一劳永逸的好事，需要持续保持动态平衡。

利比希的最小因子法则不仅适用于农业，也同样适用于工业。

企业间的竞争，拼的是战略、模式、组织结构、流程、例行管理，这五个要素之间的关系是战略 > 模式 > 组织结构 > 流程 > 例行管理。

企业拼的首先是战略元素（比如诺基亚和柯达公司的决策层把方向搞错了，即战略方向错了，直接出局），然后是模式、组织结构、流程、例行管理短缺元素（把最短缺的元素在最合适的时间点弥补起来，企业就会迎来高速发展）。

第五节 澄清指标方可持续改进

战略解码过程中统一思想、统一目标、统一行动的最终落脚点，是目标责任制的落实。所谓目标责任制是指组织绩效目标，不仅可以被团队绩效指标所承载，最终还能够细化为个人绩效指标的过程，真正实现千斤重担众人挑，人人身上有指标。

战略解码的整个过程，如图 4-7 所示。

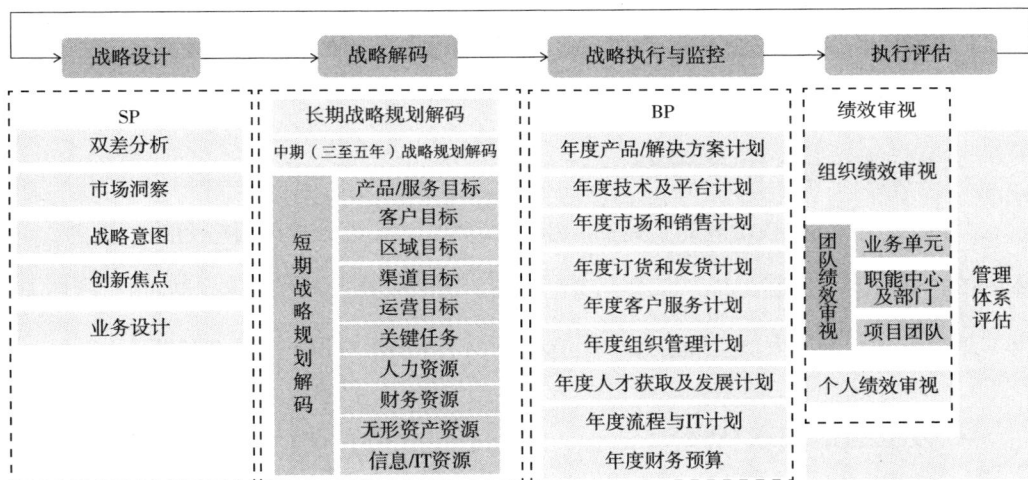

图 4-7 战略到执行一览图

从图 4-7 中可以看出，整个战略解码过程其实就是战略解码团队对企业中、长期战略规划 SP（战略意图、市场洞察、创新焦点、业务设计等）进行深刻理解，进一步翻译为可执行 BP 计划（年度产品 / 解决方案计划、年度市场和销售计划、年度订货和发货计划等）的过程。

从绩效管理角度看，企业的中长期战略规划之所以能从一纸蓝图变为现实的硕果，就是战略解码团队识别出来的那些关键任务得到了圆满的执行。因此，BLM 中的绩效审视体系，是围绕如何保障关键任务的有效落实，建立的一整套绩效指标评价体系，以进行闭环管理。

既然是针对关键任务有效落实的绩效指标评价体系，就不需要面向所有的任务进行管理评价，KPI（关键业绩指标）指标体系就是对关键任务达成情况的评价指标体系，这当中既有结果类的评价指标，也有过程类的评价指标。企业可以通过以下四步骤，初步建立关键任务的 KPI 评价体系。

1. 建立 KPI 指标库

中小企业建立一套较完善的 KPI 指标体系，通常需要一百多个指标。所谓规范的 KPI 指标，主要包括名称、类别、定义、设置目的、考核对象、计算公式、统计部门、统计方法、统计周期等。

企业如果希望全体员工不断提升工作绩效，首先要帮助员工建立正确的绩效观，并为员工提供绩效管理的工具书。《KPI 词典》就是绩效管理最重要的工具书。一本好的字典有四个特质：统一标准、建立权威、学习传播、持续优化。企业的《KPI 词典》就是一本帮助广大员工理解每个岗位和角色工作质量标准的工具书或指标库。

2. 设立组织绩效 KPI

不少企业在进行绩效指标设定时，把重点放在员工绩效指标的设定上，这是典型的本末倒置。企业经营的核心是实现组织目标，而不是个人目标，因此管理的牛鼻子是抓好组织绩效管理，解决组织绩效的主要矛盾，以及矛盾的主要方面。抓组织绩效不是拘泥于对某个业务单元、某位领导者、某位员工工作业绩的评头论足，而是驱动战略制定者、战术策划者、战斗执行者聚焦于共同的组织目标并实现之。

何为优秀的组织绩效？德鲁克给出了标准：一是要确保现有业务取得运营成效；二是辨识出企业的潜能并使之发挥作用；三是对企业进行更新以创造一个全新的未来。德鲁克认为这三件事情是交织在一起的，均属于今天并行的任务，并没有前后顺序或者重要性排序。所有三个维度的任务应该由同一个班子来推行，利用同一套人力和财务资源，并被纳入同一经营流程。

对于一个组织而言，高绩效不单单是今年打粮食取得战果，还要确保明年、后年、大后年都有更多的粮食可打。因此，在组织绩效考核中要有三个维度：打粮食、种庄稼、育种，分别设立相对立的 KPI，见表 4-9。

表 4-9 组织绩效 KPI 示例

| 战略目标 | 核心诉求 | KPI | 权重 | 目　标 | | | 完成值 | KPI 得分 |
				底线	达标	挑战		
短期	打粮食	销售收入						
		税前利润率						
		现金流						
中期	种庄稼	项目计划完成率						
		研发投入完成率						
		渠道开发计划完成率						
长期	选种育种	融资计划完成率						
		投资计划完成率						
		关键岗位任职资格达标率						
		产品、技术预研计划完成率						

企业在设立组织绩效 KPI 时，通常会考核营业收入、税前利润等，这本身是合理的。比如打粮食代表着企业的现金流，只有把今年能抢收的庄稼都落袋为安了，才有实力为未来谋划。与此同时，组织绩效考核的 30%～40% 的权重要放到对种庄稼和选种工作完成情况评价。昨日之因，今日之果；今日之因，他日之果。今天打的粮食多，是因为几年前选种、育种和庄稼种得好。绩效关系的本身是因果关系。

3. 设立团队绩效 KPI

组织绩效 KPI 需要进一步分解到团队绩效指标，如图 4-8 所示，我们先从分析企业的组织结构图开始。这是一家年营业收入在 30 多亿元规模的高新技术企业。

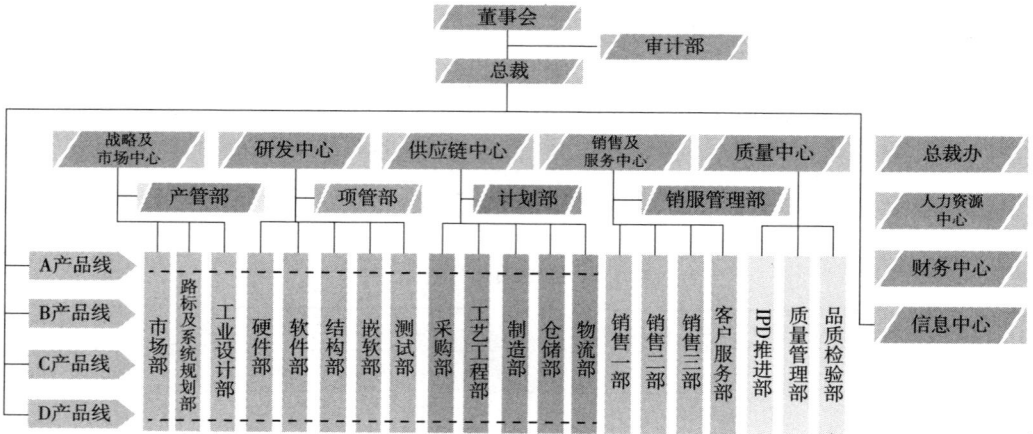

图 4-8　某中型规模公司的组织结构图

好的组织结构首先体现在内部较清晰的分工界线，先有分工，再讲协同。企业内部的分工，体现的是责任中心分工。该公司责任中心分为五大类，见表 4-10。

表 4-10　公司责任中心示意表

责任中心	分类说明	举例说明
收入中心	直接面向外部客户，为组织创造营业收入的责任中心	销售及服务中心
利润中心	为收入中心服务，直接面向客户承诺端到端产品的市场成功，实现从商机到商业变现的责任中心	产品线、研发中心
成本中心	为利润中心服务，投入与产出之间有着密切的匹配关系，对可控成本负责的责任中心	供应链中心、质量中心
费用中心	不直接面向外部客户，为其他责任中心提供服务，投入与产出之间没有严格的匹配关系，对费用发生额负责的责任中心	总裁办、人力资源中心、财务中心、信息中心
投资中心	以为客户创造价值为导向，关注长期投资效果，以提升投资资产回报率为主要责任的责任中心	战略及市场中心、任务书开发团队、新产品开发团队、集成产品管理团队

从上述五大责任中心名称上就可以看出来，它们各自的使命是不尽相同的。

（1）销售及服务中心、研发中心和产品线，主要贡献收入和利润。

（2）供应链中心和质量中心，对产品和服务成本负责，在质量可控的前提下，提升运营效率。

（3）总裁办、人力资源中心、财务中心、信息中心为企业提供基础平台能力，地基扎实才能起高楼。

（4）任务书开发团队（CDT）、新产品开发团队（PDT）、集成产品管理团队（IPMT）是企业的项目团队，他们不是常设的正式组织，是企业为完成中、长期战略目标而设立的投资专项团队。

只有把企业内部组织结构的分工和分类搞清楚了，我们才会发现团队绩效与组织绩效的承接关系，见表4-11。

表 4-11　团队绩效 KPI 示例

战略目标	核心诉求	组织绩效 KPI	团队绩效 责任中心	团队绩效 KPI
短期	打粮食	销售收入、税前利润率、现金流	销售及服务中心、产品线、供应链中心、质量中心	销售订货完成率、服务收入、某产品市场份额、人均销售收入、应收账款周转天数、发货计划完成率、制造毛利率、合同按时齐套到货率、客户问题解决率、服务客户满意率
中期	种庄稼	项目计划完成率、研发投入完成率、渠道开发计划完成率	战略及市场中心、研发中心、产品线、人资或财务等资源中心、项目团队（CDT、PDT）	新产品毛利率、新区域销售收入、开发计划偏差率、干部梯队准备度、员工敬业度、目标成本达成率、CBB重用率、研发费用执行偏差率
长期	选种育种	融资计划完成率、投资计划完成率、关键岗位任职资格达标率、产品、技术预研计划完成率	战略及市场中心、产品线、研发中心、人力资源中心、财务中心、流程及 IT 中心	研发投入计划完成率、某新产品预研计划偏差率、某技术预研计划偏差率、IPD 流程符合度、关键流程计划完成率、关键岗位任职资格达标率、融资计划完成率

4. 设立个人绩效 KPI

将团队 KPI 指标进一步分解为员工个人的 KPI 指标过程中，收入中心（销售中心、客户服务中心）和成本中心（供应链中心、质量中心）的员工个人 KPI 指标是比较容易量化的，但利润中心、费用中心、投资中心相关的很多岗位，比如研发工程师、产品经理、PQA（产品质量保证工程师）、SE（系统工程师）、财务经理、IT 部经理等，这些岗位的 KPI 指标量化是一件较困难的事情。如何根据岗位特点，设立有效的绩效评价模式，将在下一节进行重点讨论。

战略解码的指标澄清，是审视企业将战略规划（SP）转化为年度业务计划（BP）的过程中，是否对执行过程和结果建立了完善的评价体系。这套评价体系是先上后下、先整体后局部、先团队后个人的顺序关系，而不是主次不分顺序颠倒。建议企业的绩效评价体系首先主抓组织绩效，将重心放在团队绩效（业务单元、职能中心或部门、项目团队）的评价，企业就抓住了关键任务有效执行的牛鼻子。待管理成熟度较高的时候再去启动员工绩效评价体系，而不是一上来就将员工绩效放在重中之重，这是我们多年来推行 BLM 的心得体会。

【工具箱： KPI 词典示例】

指标名称：新产品销售收入（海内外）。

指标类别：财务。

指标定义：产品线或业务单元的新产品销售收入。（说明：销售收入是指企业对外销售产品和提供服务所获得的收入，包括产品销售收入和对外服务收入。产品销售收入是指使客户获得产品并达到可使用状态而向客户收取的全部不含税价款，包括产品收入，也包括向客户收取的调试安装费、运输费等，退回产品价款冲减收入。）

设置目的：反映产品线或业务单元管理的新产品销售规模。

测量对象：PDT、产品线、销售中心。

统计部门：管理会计部。

计算公式：①月计算公式（本年第 × 月产品线或业务单元管理的新产品的销售收入）；②累计计算公式（本年截至报告期各月产品线或业务单元管理的新产品的累计销售收入）。

统计周期：月度、季度、年度。

计量单位：人民币 / 万元。

指标说明：本年度的预研产品暂不考核。

第六节　PBC 承诺书践行企业文化的契约精神

KPI、OKR（目标和关键成果法）、BSC（平衡计分卡）、MBO（目标管理法）等绩效工具在国内有着广泛的认知，不少企业采用当中的一种或者几种。对于个人绩效目标的制定，本节重要介绍PBC（个人业绩承诺书）。

PBC 绩效管理模式最早出自郭士纳主导期的 IBM，由于 IBM 为华为提供管理咨询服务，该方法论后来也被华为广泛采用。

IBM 员工的绩效管理为什么是个人业绩承诺书的方式，而不是我们经常听到的，某某岗位 / 员工绩效考核表呢？

"觉得对不起员工是没有用的，因为他们不需要任何狂热喝彩的演讲。我们需要的是领导艺术，一种方向感和动力，这种方向感和动力并不仅仅来自我，而且来自在座的所有人"。这段话是 IBM CEO 郭士纳上任后的第一次员工会议上的发言。他认为真正的人才是在工作中寻找意义和价值，他们需要的是能实现个人理想的平台。而优秀的企业家就是要搭建一个平台，给予员工清晰的目标方向，并为员工加满了油。

组织与员工之间是命运共同体，他们之间最好的合作模式，是契约，是承诺。PBC 这三个简单的英文单词，背后是企业文化的重塑，既是企业和员工深度融合为利益共同体的宣言，更是员工与所服务的组织达成心灵契约的过程。

IBM 大力推行 PBC，以及其背后希望传导的价值理念，是让员工清楚地知道，PBC 的绩效管理过程：

不是：主管要求员工做某事的任务监控；迫使员工更好或更努力工作的棍棒；为了单纯将员工分为 ABC 的利益分配。

而是：个人目标承载组织目标并保持一致的过程；给予员工明确方向，并加满油的过程；识别优秀员工，给予更多的发展机会、奖励和回报；主管帮扶员工，激励绝大多数员工取得优异成绩的过程；淘汰一部分不合适员工的过程。

企业制订员工的 PBC 承诺书的方法，如图 4-9 所示。

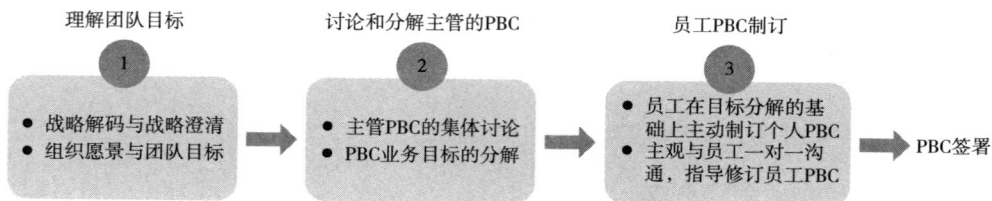

图 4-9　PBC 输出示例

PBC 不是从上到下的单向任务分配和硬性指派，而是让员工了解企业下一步前行的大方向后，激励员工从下往上，提出本岗位本角色应该为组织目标和团队目标做出努力和贡献的关键任务。员工越理解企业的战略方向、团队目标、主管的 PBC，越有动力为自己提出更有挑战性的工作目标。在 IBM 员工的 PBC 承诺书的制订需要坚持以下三个原则：

（1）制胜力承诺。强调结果导向，即你的岗位和角色对组织贡献的可以直接量化的绩效目标。比如公司 CEO 要对营业收入、利润负责；销售经理有明确的市场占有率、销售收入完成率指标；研发工程师要完成开发项目所要求的时间、质量、成本要求。

（2）执行力承诺。强调要按照公司的业务流程高效高质量地完成工作任务。正确的过程方可持续产生好的结果，IBM认为所谓正确的过程，就是严格执行公司的业务流程，并提出流程优化的建议。

（3）团队合作承诺。鼓励员工跨团队合作中，打破部门墙，为其他团队的工作任务提供高质量的工作输出和配合。企业是一个整体，寻求的是整体利益最大化。团队协作精神的强化，团队协同能力的打造，是任何组织最终胜利的坚实保障。

PBC承诺书的制胜承诺指标，是结果性的可量化指标，通常可以采纳KPI词典中的相应指标；团队合作承诺，是评价员工的行为是否符合企业的核心价值观；执行力承诺，恰恰是PBC模式下的考核痛点和难点。企业的利润中心、费用中心、投资中心的很多岗位，比如研发岗位、产品经理岗位、职能专业人员岗位的考核指标量化是一件较困难的事情。如何根据岗位特点设立有效的绩效评价模式？

众所周知，对员工进行绩效管理是为了实现组织的战略目标。再往深层次想一下，企业战略目标的本质是什么呢？

当乔布斯于1997年重新执掌大权时，苹果公司现金流仅够维持一个季度，濒临破产。在一次内部会议上，乔布斯问大家："请告诉我苹果出了什么问题？"有人说企业文化不好，有人说公司技不如人，有人说销售不行……乔布斯给出了自己的答案："产品！"在乔布斯的带领下，iMac、iBook、iPod、iPhone横空出世，是产品拯救了苹果。

对任何一家实业企业，企业战略目标的本质是产品和服务在市场上的成功，所有员工的工作都要围绕这个大目标展开。而要完成产品和服务的市场成功，企业就需要持续做好三件事情：一是做出好的产品和服务，有东西可卖；二是将产品和服务卖好，实现商业的变现且多多益善；三是听到客户的抱怨快速处理，让不满意的客户最终满意。

这三件大事，起点和终点都是客户。从客户中来（需求、问题）最终又回到客户中去（实现需求，问题解决，价值变现）的过程，就是业务流，如图 4-10 所示。

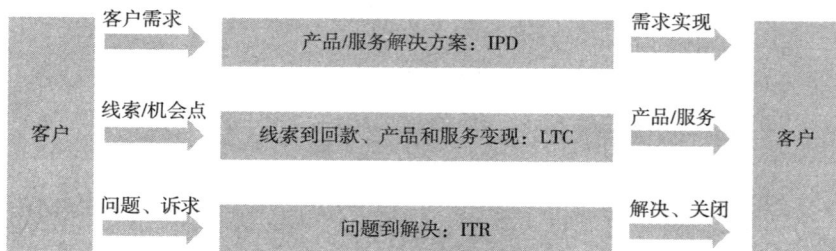

图 4-10　三大核心业务流

业务流是天然存在的，是企业一切经营活动的核心和源泉。可在实际运营中企业全面地理解业务流是一件困难的事情。比如企业在开发一个新产品时，需要了解客户需求、设计开发、小试中试、计算产品成本和毛利等若干活动。可在这个业务流的推行过程中，事情通常不会按照我们最初的计划顺利进行，不是需求不断调整，就是设计方案不断修改，或是物料选型换了又换，在不断地试错后，能成功推向市场获得商业上成功的新产品，对于很多企业而言其实是小概率事件。

企业反思为什么新产品不能成功上市，找到的原因往往是对客户的需求了解不足、设计开发水平低、测试手段有限、材料选型不成熟，新产品营拓能力弱等，最后归结为人的能力不行！一些企业领导者总认为只要找到一个研发天才，就能解决新产品的开发问题。只要找到一个营销牛人，就能解决产品的销售问题。

每家企业都渴望找到天才般的员工，但天才是凤毛麟角，可遇不可求。企业管理者的宿命和常态是管理平常人。而最终一个组织能让平凡人做出非凡事儿，让普通员工的能力得到快速和持续提升的，是对业务流高质量的理解和运营。

华为的徐直军先生在其《谈业务、流程、IT、质量、运营的关系》一文中写道："只要企业设定了战略，选择了业务模式，就确定了其业务流。条条大路通罗马，但总有一条是最近的。我们跟很多国外企业打交道，发现大家的研发流程基本是一样的没什么区别，找到真实客观的业务流，然后围绕业务流客观地建设流程。"

流程是对业务流的一种表现方式，是优秀作业实践的总结和固化，目的是帮助不同团队执行流程时获得成功的可复制性。越符合业务流的流程就越顺畅。

当企业开始认认真真研究业务流，并借鉴优秀企业的流程实践，持续打造自身的关键业务时就会发现，之前认为很难量化的工作，都在流程中找到了答案。比如某产品线总经理承担《年度某产品及解决方案 BP》的主要工作任务包括：公司选择某细分市场的分析及判断；某产品和解决方案定位（金牛、明星、问题、瘦狗）；各产品和解决方案策略（产品＋市场的组合管理）；重大项目；关键任务；所需资源；风险及应对。

前三项工作的完成，通常在市场管理 MM 流程中去分析和定义。MM 流程是 IPD 的一个子流程。重大项目会按照 IPD\LTC\ITR 来进行分类分层管理。关键任务是依据三大业务流程的角色定义和工作方法，识别出执行各项目中的重点工作（比如客户需求分析、目标客户筛选、质量问题回溯等）。所需资源是人、财、IT 等在业务流中的对应关系。正是基于明确而清晰的流程，员工才知道要做哪些事情？正确的方法是什么？输入条件是什么？输出的标准是什么（交付的时间、质量、成本标准）。正是基于流程，BP 的落实可以做到纲举目张、执本末从。

当组织战略目标可以注入到业务流程的运转中，企业把质量、运营、内控、授权、财经的要素放到流程中去，目标与执行就可以融合运作。我们就发现，员工的绩效目标和评价标准，其实已在各关键业务流程中进行了定义，如图 4-11 所示。

PBC 的绩效管理模式，对企业内部的管理成熟度的确有较高的要求。当企业尚没有建立业务流程且有效运行时，不要过分强调员工绩效考核的可量化、可客观衡量性，因为没有基础和标准。这个阶段，战略解码的重心放在组织绩效和团队绩效的管理上，弱化员工的绩效管理（比如采用排名制），是更加务实和有效的管理策略。

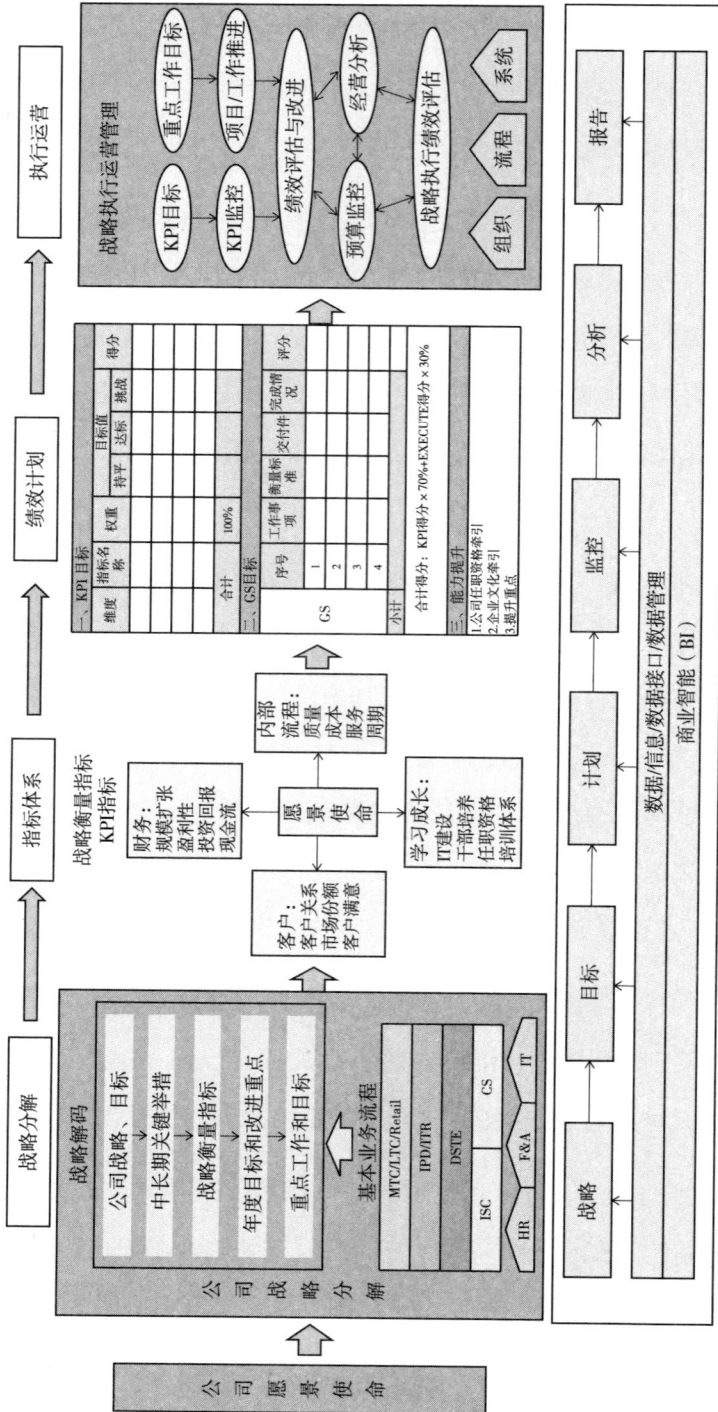

图 4-11 员工 PBC 指标分解框架图

第五章　战略执行

战略执行是企业在明晰了自己的战略目标后，专注于将其战略规划落实转化为实际并确保实现的行为。

BLM 的战略执行力由四部分组成：关键任务与依赖关系、氛围及文化、正式组织、人才。关键任务及依赖关系决定了战略是否有落脚点，正式组织决定了关键任务及依赖关系落地顺不顺，人才队伍决定了员工能不能，氛围及文化决定了员工愿不愿。企业在战略周期内关键任务可以持续得到圆满实现，从表面上看是关键任务用对了人，背后真正原因是企业建立并拥有了对人才进行有效管理的机制和能力。深刻理解二元性组织结构和构建执行力四大构件的一致性，是企业建造强大执行力的基础。

第一节　战略需要高智慧的执行力

企业按照 BLM 管理工具高质量地完成了战略规划设计，能否确保企业在市场竞争中占领先机？答案是否定的。

郭士纳在自传《谁说大象不能跳舞》中曾写下这样的感触："在我担任顾问工作的时候，我参与了许多公司的战略制定工作，为一个公司制定一个独特的发展战略是一件很困难的事情，如果该战略果真与业内其他公司的战略截然不同，那么它或许就会具有很大的风险性。这其中的原因就是各行业都有一定的经济模式和具体的客户期盼，以及大家共知的竞争结构所界定和限制，短期内不可能会发生改变。因此，要制定一个独特的公司发展战略是一件极其困难的事情，而且更困难的是：如果实际上你已经制定了一个这样的战略，你也很难能够做到恰当地应用它。最终，常见的是每一家公司基本上都在采用同一个战略。"

郭士纳近五十年的职业生涯中，一直从事的是企业战略方面的管理咨询和经营实践，他以亲身经历告诉人们一个很残酷的现实：战略往往是大同小异的，能杀出重围的，一定是执行力最强的企业。

华为原副总裁费敏先生曾写过"华为自始至终的战略就是执行力取胜战略"一文。他根据自己多年在华为的经历，认为客户选择、产品选择（技术标准选择）、市场选择等战略层面的工作，本质上是进行客户需求甄选。企业幸运地进入某个细分市场，并赚得盆满钵满，这个过程不是 0 和 1 那么简单清晰，其中夹杂了很多因素。战略从混沌模糊到逐渐清晰明朗的过程，是由那些有良好沟通能力和悟性的人，或者是由那些最有灵气的人，在不断纵深接触客户的互动过程中不断挖掘出来的，这里面包含方向、节奏、路径，相互交织在一起，互相影响，非常复杂。战略最终要靠执行力支撑，要靠带智能的执行力不断试错才能探明战略的最终方向，这需要有真正强大的高智慧的执行力。

我们在企业咨询工作中，近距离观察过一百多家企业战略规划到执行落地的过程，发现不少企业认为他们自己制定的战略是特别的、卓尔不群的，看到了同行业其他企业所看不到的商业机会。可真实的情况却是，我们常常发现同一个行业里的几家规模类似的企业，其战略规划的内容，共性远远高于个性。其原因一点也不复杂，无论是企业对市场的洞察还是所做的业务设计，均是对外部环境进行某种假设之后的蓝图规划。在相同的外部环境和客户群体中，绝大多数企业洞察到的机会及希望规避的风险是大同小异的。在类似的战略规划下，有的企业将蓝图变成了现实，有的企业看见了却做不到，关键就在于执行力的不同。

比如国内一家电器公司，董事长为公司规划了进入新能源汽车、智能手机、芯片的战略目标，遗憾的是这家公司一个也没有做起来。在相类似的战略选择下，比亚迪新能源汽车年营业收入已超 4 000 亿元。华为、小米、OPPO、VIVO 的手机业务年营业收入都在千亿元以上规模。所谓执行力，不是单指普通员工指哪打哪，而是企业一把手和高级管理团队要具备真正强大的高智慧执行力。

有些企业家认为战略是最重要的，它决定企业的成败。我们不否认战略选择永远是企业第一要务，但我们通过对中外企业的分析研究发现，因为战略重大失误导致企业溃败的，问题往往出在行业领导者身上，就像诺基亚和柯达，由于是全球行业老大，他们不得不首先进入无人区进行探索。任何一位先行者在探索新技术、新产品、新商业模式时，没有任何可以参考的成功经验，只能在黑暗中不断试错，在这个过程中，一不小心就误入歧途并坠入深渊，从"先驱者"变成了"先烈"。

举个例子，苹果手机成功开创出一个全新的智能手机时代，标杆已经杵在那里，后来者压根不需要考虑战略方向对错的问题，只需要做好功能、性能、商业模式的微创新，形成自己的差异化优势，就有了立足之地。世界上绝大多数企业的战略规划，并不需要在无人区探索方向，而是跟随成功者进行差异化的微创新。

战略本身不会成功，优秀的执行力才能促成战略的成功。执行才是促成一个战略获得成功的真正关键因素。完成任务，正确地完成任务，以及比下一个人更好地完成任务，要比梦想一个新的远景规划重要得多。

第二节　使用一致性诊断工具把脉组织的执行力

通过战略规划和战略解码阶段，企业上上下下对战略目标形成了高度共识，组织即将进入到战略执行阶段。通常情况下，负责战略落地的管理人员最关注的问题就是：当前的执行力能否确保战略被正确地执行？

企业在使用 BLM 时，需要理解两个重要的概念：二元性组织结构和执行力四大构件的一致性。

1. 二元性组织结构

《创新跃迁》中对二元性组织结构的描述大致意思如下：

高效的领导团队不仅要擅长开发新产品与服务，还要妥善维护现有的产品线和服务。成熟业务依靠的是经过反复验证的技术和流程，业绩斐然；而新业务则面临技术不确定性和快速变化的市场环境。这两者在本质上大相径庭。

为了取得长期成功，组织就得完成两件事：一是在成熟市场中，凭借成本优势和高质量参与竞争；二是在新兴市场中，依靠速度和高度适应性脱颖而出。想要成功管理好这两方面的一致性，管理者就必须构建二元性组织结构，只有这种结构才能够融合多种看似矛盾的需求。

相应地，实施二元性组织结构也要求领导团队自身具备二元性特质，即同时具备管理和推动不同领域发展的能力。简而言之，就是要既能稳住"老本行"，又能开拓"新天地"。

2. 四大构件的一致性

BLM 所定义的卓越执行力，包含三大含义：

（1）执行是指关键任务，即支持业务设计尤其是价值主张实现的行动方案。

（2）力是指组织能力，即员工想干（氛围及文化）、能干（人才）、干得好（正式组织）的整体能力。

（3）关键任务、氛围及文化、人才、正式组织形成了执行力的四大构件。好的执行力是指无论对于成熟业务还是创新业务，构件之间均能保持相互之间的适配性。

关键任务及依赖关系、氛围及文化、人才、正式组织这四大构件，组成了 BLM 所定义的组织执行力，四大构件的主要内涵，见表5-1。

表 5-1　执行力四大构件

四大构件	含　义
关键任务及依赖关系	满足业务设计，尤其是价值主张的要求所必须采取的行动称为关键任务。哪些任务由我们自己完成，哪些任务可以由价值链中的合作伙伴来完成？组织间（包括合作伙伴）相互依存的关系是业务设计有效执行的基础
正式组织	为确保关键任务被有效执行，需建立相应的组织结构、业务流程、管理机制和考核标准，方能让全体人员的行动可控及可调整、可优化、可评价
人才	现有关键岗位的员工必须有动力、能力和采取正确行动，才能完成关键任务
氛围及文化	创造好的工作环境以激励员工完成关键任务，积极的氛围能激发人们创造出色的业绩，使得他们更加努力并克服困难

理解了执行力四大构件，再回看很多企业常常叹息的执行力不强问题，就会发现很多现实情况下，战略本身不存在大的问题，可企业的战略目标未能实现，这往往是在执行过程中出现了以下问题：

（1）组织结构与关键任务不匹配。某公司的组织结构是按照职能式划分的金字塔型组织结构，部门墙很厚。而公司当前最重要的关键任务是新产品的开发，需要不同职能之间强有力的协同。组织结构与关键任务之间存在明显的不一致性，妨碍创新类业务的发展。

（2）人员能力不匹配关键任务需求。某公司的关键任务是进入半导体行业研发芯片。为了实现该战略，公司急需在芯片领域有成功经验的产品经理和技术专家，可公司的现有人才并不具备该能力，而且人才引进方面迟迟未见成果，导致无法实现关键任务。

（3）企业文化与关键任务不匹配。某公司成立二十多年，一直以 OEM 代工为主。新的关键任务是搭建自己的营销网络并推销自主品牌产品。公司多年的企业文化强调卓越品质和权力集中，然而新的任务需要的文化氛围是速度、主动性和团队合作。可公司的领导者并没有意识到需要进行文化变革以激发内部活力，导致公司转型失败。

没有一致性模型时，不少企业领导者总是抱怨好的战略设计总是得不到有效执行，又不知道问题具体出在哪里。通过二元性组织的一致诊断，人们发现不仅氛围及文化、正式组织、人员要与关键任务相匹配，它们两两之间都需要具备良好的匹配性，企业方有强大的执行力。

企业正式进入战略执行模块前，对组织一致性进行评价（见表5-2），提前预估未来战略蓝图落地时将会遇到什么问题，以便有的放矢进行执行力四要素的匹配和改进。如果诊断结果表明不一致只出在一两个构件上，组织可采取渐进式改变。如果不一致超过三个构件，那就提示企业高层要慎重推行战略规划，如不提前进行重大组织变革，企业战略目标恐难实现。

执行力四大构件的一致性诊断，是 BLM 中非常重要极有价值的管理创新。在咨询过程中，我们发现绝大多数企业对这个尤为重要的管理工具，或者不知道，或者无法熟练应用，严重影响了 BLM 价值的发挥和体现。

表 5-2　组织构件一致性诊断

关　系	目　　的
正式组织匹配关键任务	（1）正式组织的组织结构、流程、制度、机制是否足以满足关键任务的需求； （2）正式组织的激励是否与任务所需求的行为保持一致
氛围及文化匹配关键任务	（1）文化能否为关键任务的实现注入动力； （2）文化的改变是否有助于关键任务的实现
人员匹配关键任务	（1）个体是否具备满足任务所必需的技能； （2）关键任务本身是否满足了个体的个人需求
人员与正式组织匹配	（1）个体是否有动力去完成关键任务； （2）个体对组织结构的认知是否清晰； （3）个体的需求是否得到了组织制度的满足
人员与氛围及文化匹配	（1）原有的文化是否激发个体的敬业度； （2）文化变革是否得到了员工的支持和理解
氛围及文化匹配正式组织	（1）文化的目标、导向是否与正式组织发展相匹配； （2）组织的进化中，文化是否与时俱进发生改变

从 BLM 来看，战略执行模块的核心，就是围绕实现关键任务进行四大构件的一致性调整，如图 5-1 所示。企业只要理解了这个关键点，做好了四大构件的一致性匹配，就会见到整体执行力的大幅提升和改善。

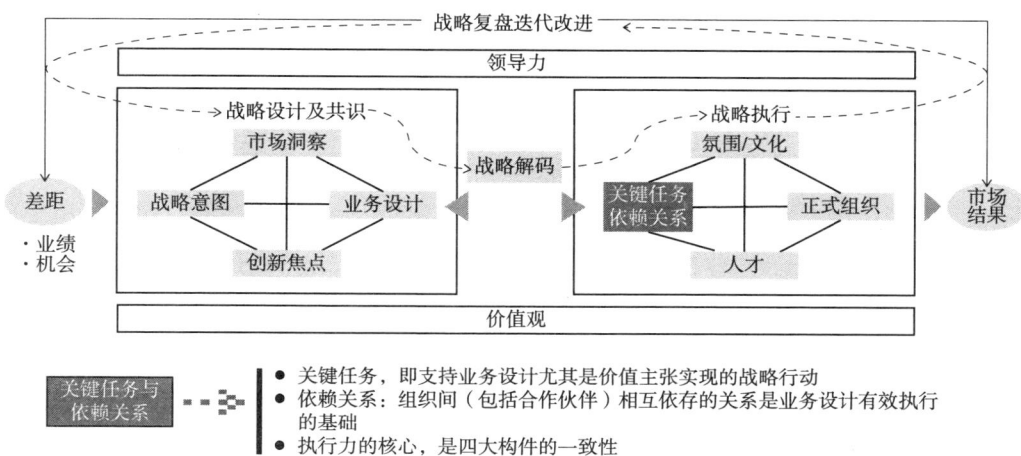

图 5-1　BLM 之四大构件一致性

第三节　良好氛围及文化成就企业的高绩效

我们接触的企业家和高级管理人员普遍认为，好的氛围及文化不仅可以提高企业的绩效，而且能够激发员工的善意和上进心。建立优秀文化和营造良好工作氛围，已是当下中国企业界的普遍共识。

好的氛围及文化，果真能带来企业的高绩效吗？20 世纪 70 年代至 90 年代，美国工商业面临两个重大困难：一是石油危机剧烈冲击着美国的实体经济，二是日本企业强势崛起撼动了美国企业的霸主地位。在同样艰难的外部环境下，什么样的企业能摆脱困局并且高质量发展？企业文化与企业绩效之间存在关系吗？哈佛商学院的约翰·科特教授和詹姆斯·赫斯克特教授对企业文化与绩效之间的关系非常感兴趣，他们挑选了美国 22 个行业中的 207 家企业，跟踪这些企业 11 年间的经营发展变化（1977 年至 1988 年）。两位教授在合著的《企业文化与绩效》中，分享了他们的研究成果，主要结论如下：

（1）企业文化与企业绩效存在强相关关系，有显著文化特质的 12 家企业，无论是总营业收入增长率、就业增长率、股票价格增长率、净收入增长率等，都领先于没有企业文化特质的 20 家企业，见表 5-3。

表 5-3　企业文化与企业绩效关系

对比指标	有企业文化特质的 12 家企业平均指数（%）	没有企业文化特质的 20 家企业平均指数（%）
总营业收入增长率	682	182
就业增长率	282	36
股票价格增长率	901	74
净收入增长率	756	1

注：科特团队所定义的强文化（显著文化特质）主要表现为，几乎所有的管理者共享一套相对一致的价值观和做事方法，新来的员工很快就采用了这套价值观。科特团队通过一套自创的模型将 207 家企业的文化强度用 5 分制来划分，1 代表最强文化，5 代表最弱文化，2 分值以下强文化的代表企业包括沃尔玛（1.12）、宝洁（1.18）、IBM（1.34）、纽约时报（1.76）、道琼斯（1.83）等。

（2）那些业绩持续表现良好的企业，从氛围及文化的角度看，常常表现为优秀领导力、创业精神、审慎冒险、坦率沟通、创新和灵活性等，而最显著的文化共性，是企业家帮助企业实现了文化与环境变化之间的契合。

（3）那些业绩表现不佳，特别是某些曾经的行业龙头之所以业绩一路下滑，从企业文化角度来看也表现出高度的共性：企业内部明显的官僚化，大多数企业高管非常傲慢自大，认为自己做的决策才是最正确的。他们的注意力聚焦于企业内部，更关心自己的权力、职位、利益，崇尚严格稳定的等级管理次序，对外部环境的变化、客户的不满、员工的抱怨、股东的失望并不在意。

（4）那些业绩表现不佳的企业，不是企业文化的表述出现问题，而是管理阶层人员的行为出现明显的不合时宜。但这种情况并非难以改变，当企业出现强大的新领导者，通过文化变革使企业内部共同的行为方式表现为密切关注外部环境的变化，真正关心客户、股东、员工的利益时，这些企业又会焕发出勃勃生机。

我们与很多国内企业家进行过交流，发现科特团队在二十年前对美国企业进行调研分析的四点结论，与当下这些企业家在经营企业实战中所总结摸索出的经验是高度相似的。

组织的氛围及文化是由其标准和价值定义的。价值反映你相信什么？什么东西对你而言是最重要的？标准则是深入人心的社群期待。企业的领导层如果更相信为客户创造价值对企业而言是最重要的，并将诚信、创新、改变、谦逊等作为组织共同的行为标准，这样的企业往往表现为更加强大的执行力。

从关键任务与氛围及文化的关系来看，员工之所以可以圆满完成任务，不仅仅来自员工在生理、安全、社交方面的需求，更是员工追求受人尊重和实现自我价值的需要。在战争年间，战斗英雄为了国家和民族的利益选择舍生取义。和平年代，员工在各自平凡的岗位上一样寻找着荣誉、责任和价值。在一个充满着尊重、信任、坦率、相互支持、共建共享的环境中，可以发挥自己的聪明才智直接为客户创造价值，间接为国家和社区贡献财富，从而最终实现个人的价值，是绝大多数员工的期望。

BLM 认为，企业通过构建优秀文化和营造良好工作氛围不仅可以加强组织的执行力，而且可以持续获得良好的绩效。因此，氛围及文化是执行力模块中的重要组成部分，如图 5-2 所示。

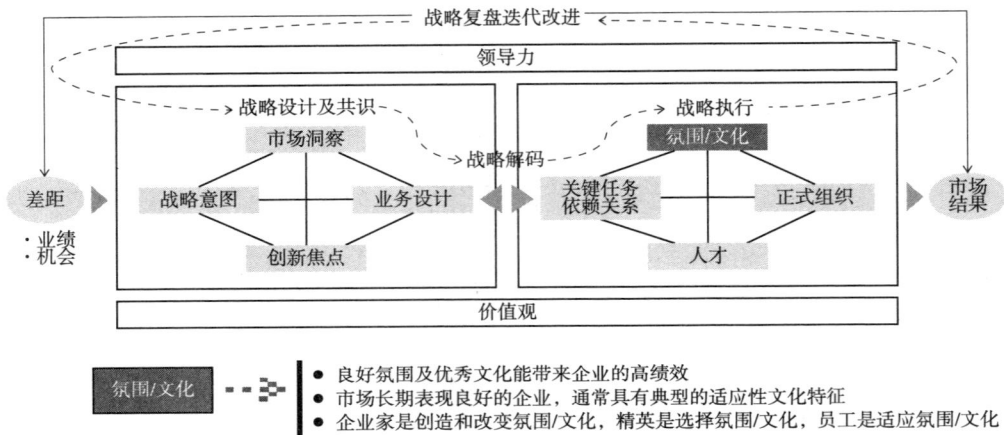

图 5-2　BLM 之氛围及文化

审视企业的氛围及文化是否满足战略执行的要求，需要回答氛围及文化与其他构件是否保持一致性，即：

（1）组织关于企业文化的标准和价值是否具有共识？

（2）现有文化能否为关键任务的实现注入活力？如果没有，是什么？

（3）文化的改变是否有助于关键任务的实现？

（4）现有文化是否能吸引和保留关键人才？

（5）文化的标准、导向是否与正式组织发展相匹配？

（6）文化变革是否得到了员工的理解和支持？

前面我们讨论过二元性组织的一致性诊断，一些企业的关键任务之所以没有得到圆满执行，是组织或团队的氛围及文化不能给予员工强大的工作动力。在战略解码过程中，以及战略执行阶段，管理者和领导者要常态化地评估组织氛围及文化是否健康，这是为实现关键任务所进行的重要的保驾护航工作。

【工具箱： 盖洛普 Q12 测评法】

建立优秀企业文化和营造良好工作氛围已成为众多企业的共识，如何评价现有的企业文化的好坏？什么样的氛围及文化可以促进企业绩效的提升呢？盖洛普 Q12 是最广泛使用的组织或团队氛围测评方法，见表 5-4。这套测评方法是美国盖洛普公司针对全球 12 个不同行业、24 家公司的 2 500 多个经营部门和 105 000 名员工所进行的工作态度和工作意愿分析，结果发现那些在企业利润、企业效率、客户满意度、优秀员工保留率这 4 个硬指标上有杰出表现的企业，它们在 12 个关键问题上都得到了员工的高分赞赏和肯定。

Q12 除了被广泛应用于组织氛围评估，还被很多企业用于干部的领导力评价和员工敬业度调查。那些在 Q12 测评中得分最高的团队管理者，是明显具备领导力素质的高潜质人员。

表 5-4   Q12 测评题

问题序号	问 题
Q1	我知道公司对我的工作要求吗
Q2	我有做好我的工作所需要的资源吗
Q3	在工作中，我每天都有机会做我最擅长做的事情吗
Q4	在过去的 7 天里，我因工作出色而受到表扬吗
Q5	我觉得我的主管或同事关心我的个人状况吗
Q6	公司有人在意并鼓励我的发展吗
Q7	在工作中，我觉得我的意见受到重视吗
Q8	公司的使命目标使我觉得我的工作重要和有意义吗
Q9	我的同事们致力于高质量的工作吗
Q10	我在公司有一个最要好的朋友吗
Q11	在过去的 6 个月内，公司有人和我谈及我的进步吗
Q12	过去一年里，我在工作中有机会学习和成长吗

第四节　适应性文化是基业长青的基础

在拥有百年历史的哈佛商学院中，仅有两名30多岁的终身教授，其中之一便是约翰·科特教授，与迈克尔·波特齐名。科特提出，企业变革与氛围及文化密切相连。理解他所提出的有显著文化特质的企业，以及适应性文化两大概念，对学习和实践 BLM 的氛围及文化构建有重大帮助。

科特在《企业文化与绩效》中这样写道：早在20世纪30年代中期，IBM 的员工就拥有对公司忠诚度高和工作积极性高的好名声。关于如何做事，大家已经达成了惊人的一致。首先是重视公司哲学，即尊重公司内每一位员工的尊严和权利，给予世界上任何一家公司能够给予客户的最好的服务，以更优的方式完成任务。大家都认为老汤姆·沃森先生就是这样一位对企业文化最负责任的人。1962年，他的儿子，也是 IBM 的继任总裁小汤姆·沃森在哥伦比亚大学的演讲中坚决支持了强文化的视角。小沃森说："最基本的企业哲学、精神及企业的期望要比技术或经济资源、组织结构、创新和定时调速更能够带来相应的成就。所有这些在成功中占有很大的比重，但是我认为企业中人们对基本箴言相信的程度，以及行动中落实的程度将超越这些比重。"

科特认为那些有强文化特质的企业，通常是创始人身上某些特质的延续，只有异常强大的领导者才能创造出强文化所特有的团结和激励的特质。但创始人离开企业后，之后的高层管理者很难创造出某种更强的文化，他们真正的价值是努力保持文化能适应外部环境的变化，如图5-3所示。

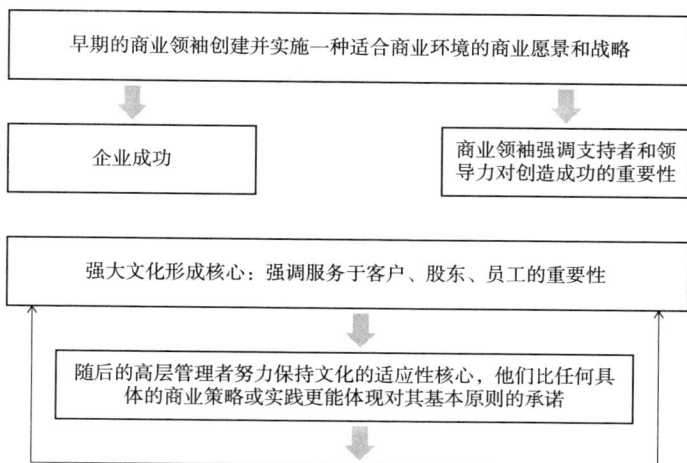

早期的商业领袖创建并实施一种适合商业环境的商业愿景和战略

企业成功

商业领袖强调支持者和领导力对创造成功的重要性

强大文化形成核心：强调服务于客户、股东、员工的重要性

随后的高层管理者努力保持文化的适应性核心，他们比任何具体的商业策略或实践更能体现对其基本原则的承诺

图 5-3　领导者发展和维持适应性文化

在第二章第三节介绍对标管理工具时，我们介绍过施乐进行管理改善的案例。施乐早年的创始人乔·威尔逊建立了强文化，但自他去世后，第二任总裁将施乐带上行业第一的位置后，企业的文化变得僵化和自大，导致施乐在 20 世纪 70 年代末期远远落后于同期其他企业。第三任总裁大卫·卡恩斯成功领导了对施乐的企业变革，特别是文化改造，才令施乐重回行业领先地位。相类似的案例非常多，比如 IBM 第八任 CEO 郭士纳在 20 世纪 90 年代初对 IBM 的改革，微软第三任 CEO 纳德拉在 2014 年对微软的改革，都是文化改革在先，管理改革在后。

当一个强大的创始人离开企业后，企业似乎都很难保持创始人所建立的强文化。强人之后的企业，如何重新构建企业的优秀文化及良好工作氛围，这是摆在所有继任企业家面前的一大问题。

IBM、施乐和微软的文化改革其实有着明显的共性，即通过改变大企业的僵化和傲慢自大，使企业构建一种更具创新精神、更灵活快速、适应外部环境变化和满足客户需求的文化特质。

通过我们的观察，当下在国内不少细分市场领先的企业，他们的企业文化和工作氛围正发生着明显的变化，即从员工为先转向客户为先，从严格严谨转向创新开放。志邦家居和特变电工就是两个典型案例。

志邦家居 1998 年成立于安徽合肥，成立初期在江南一带为各家各户手工打造橱柜。在那个依赖木工师傅手艺的年代，谁有技术超群的师傅就能获得老百姓口口相传的口碑。志邦家居的两位创始人不仅自己成了手艺高超的匠人，还广罗优秀匠人师傅，并为志邦家居定下了企业文化的基调："使企业成为员工满意、客户忠诚、受人尊敬的行业典范。"2018 年志邦家居成立二十周年时，公司更新了企业文化的基调："实现人们对家的美好想象，客户为先、成就员工、守正行远。"志邦家居董事长孙志勇是德鲁克迷，他在企业内部创建了彼得·德鲁克的书房，里面存放了 1 000 多本与德鲁克思想相关的各类经典著作，志邦家居的企业文化和经营风格，深受德鲁克思想的影响。

1988 年张新担任新疆昌吉市变压器厂厂长，在一无资金、二无技术、三无人才的条件下，张新厂长提出："苦干巧干拼命干的企业精神"。他给企业定下了三大目标："有饭吃有房住有工资拿、职工孩子可以上得起学、男女青年员工找对象不再是难事。"经过三年的艰苦创业，三大目标均提前实现，企业获得了新生。20 世纪 90 年代初期工厂进行改制，更名为新疆特变电工公司，张新董事长对公司的企业文化进行了改造，提出了三心、四特、五则的企业文化。特变电工的经营宗旨（三心）：客户称心、股东放心、员工安心；企业的价值观（四特）：特别能吃苦、特别能战斗、特别能奉献、特别能学习；企业的世界观（五则）：诚则立、变则通、康则荣、简则明、和则兴。

志邦家居和特变电工在早期草根创业时非常艰难，企业领导者紧紧团结员工，吃别人吃不了的苦，干别人不屑做的脏活、累活，先解决了吃饭问题。得益于深植于企业文化里的讲诚信、重质量和吃苦耐劳精神，企业不仅赢得了很多客户的喜爱及信任，更渐渐拓展出更多的业务领域，尤其是在向高新技术、高附加值的行业转型过程中，企业领导者能够及时将客户第一和创新精神视为企业最重要的文化特质。从特变电工和志邦家居成长的历程来看，企业能够多年保持高速成长，离不开企业文化与外部环境变化的良好适应性。

我们认为企业在推行 BLM，思考文化氛围如何助力提高执行力时，不仅仅要关注文化氛围的表面意思，比如诚信、客户第一、合作共赢等，更要重点关注当前氛围及文化是否与外部环境相适应。如果企业在某个红海领域参加竞争，那么质量和成本是第一位的，文化氛围需要严谨和控制。不同的外部环境下，企业领导者一定要力推内部文化及氛围适配外部环境特点，才能让企业员工的所思所为符合客户需求和利益，并最终实现企业目标。

【小故事： 蔡元培对北京大学的文化改变】

各类组织是一个"小社会"，通常由绝大多数普通员工，少部分精英管理层和个别领导者组成，他们对于环境和组织氛围的影响力是完全不同的：绝大多数人是适应环境，即近朱者赤近墨者黑；优秀的人才选择环境，良禽择木而栖、良臣择主而事；杰出的领导者创造或改造环境。对于文化及氛围，普通员工是适应，精英人才是选择，而真正的领袖，才是优秀文化的缔造者和改变者。

1912 年京师大学堂正式更名为北京大学。在随后的四年间，即从 1912 年至 1916 年，北京大学先后经历了四位校长的更迭。在此期间，学校因管理不善、官僚作风盛行而被外界戏称为"官僚养成所"，其腐败现象严重，声誉受损，广受诟病。作为中国历史悠久且备受瞩目的高等学府，北京大学竟陷入如此境地，令众多有良知的知识分子痛心疾首。鉴于此，当时的北洋政府教育总长范源濂诚邀蔡元培先生回国，期望他能出任北京大学校长一职，以引领教育改革，清除积弊，重振北大雄风。

蔡元培改革北大的第一步，就是开宗明义，明确大学的宗旨。他认为，大学应该成为研究高尚学问之地，而非学生为寻求当官发财之基地。为了抱定宗旨，改变校风，他进行了以下改革措施：一是改变学生的观念；二是整顿教师队伍，延聘积学热心的教员；三是发展研究所，广积图书，引导师生研究兴趣；四是砥砺德行，培养正当兴趣。除了为师生创造研究高深学问的条件和氛围，蔡先生积极改革北大领导体制和学科学制体系，不拘一格招聘大师专家，他的努力终使北大成为"五四"时期新文化运动的中心，并一举奠定了成为中国最好大学的基础。

第五节　对人才有效管理的能力才是企业核心竞争力

BLM 认为，所谓高执行力就是关键任务用对了人。人才模块的核心是关键岗位的员工有动力、能力，以及采取正确行动圆满完成关键任务，这是考验企业通过机制和制度设计实现人才与关键任务良好匹配的过程。

人才是企业赢得胜利的核心竞争力吗？很多企业管理者认为，谁拥有了人才，谁就拥有了制胜的武器。"人才不是华为的核心竞争力，对人才进行有效管理的能力才是企业的核心竞争力。"这句话出自任正非先生。为了进一步理解这句话的含义，不妨了解一个典型案例。

1878 年，托马斯·爱迪生成立了爱迪生电灯公司，金融大鳄 J.P. 摩根家族是公司投资股东。一边是发明大王，一边是美国最大的财团，强强联合之下爱迪生电灯公司的商业版图迅速扩张，最高峰时爱迪生招聘了近千名技术人员进行新技术、新产品的研发，以及申请各种各样的发明专利。可几年过去了，爱迪生电灯公司并没有飞黄腾达，而是败给了后起之秀汤姆森—休斯顿公司。在摩根财团的推动下，1892 年两家公司合并，取名为通用电气公司（GE），汤姆森—休斯顿的总裁查尔斯·科芬成为 GE 的领导者，爱迪生黯然退场。

1892 年至 1902 年科芬担任 GE 第一任总裁，其后又担任十年的董事长。科芬不懂电气技术，可在他的领导下，GE 却成为那个时代发明创造最多且最赚钱的科技企业。后人经过研究认为，其主要原因是科芬在任期内对 GE 进行了两项意义深远的创新：一是建立了美国第一家研究实验室，在这里工作的工程师按照公司统一规范进行技术创新和新品研发；二是提出了经营企业的系统管理论，包括客户导向、质量为先、分权管理、共享机制等。科芬不仅在自己的任期内让 GE 大放异彩，更重要的是，科芬建立的系统管理论让他之后的 GE 人才辈出且群星闪耀，他们共同将 GE 打造为美国 20 世纪最出色的企业，并延续了一个世纪的辉煌。

2003 年，《财富》杂志评选美国有史以来最杰出的十名 CEO，名单中有我们耳熟能详的波音、惠普、3M 等公司的创始人，而排名第一的，就是科芬，入选理由是：科芬创建了一个可持续发展的天才体制，他缔造了 GE 的长盛不衰，并成为其他企业竞相学习的榜样。

不管时代如何变迁，企业的经营本质是持续盈利，比如爱迪生领导下的电灯公司，表面上看有一大堆专利和一群聪明绝顶的科研人员，但一个不能赚钱的公司拥有再多的人才和专利，最终的命运也无非两种：要么被别人兼并，要么被市场淘汰。

通过 GE 的故事，我们再来看任正非先生所说的华为人才观，就能够明白华为之所以成为当代中国最优秀的高科技企业，不是因为华为有众多的人才，而是华为拥有任正非先生这样卓越的领导者，他通过三十多年持续的管理创新，使华为建立了极其优秀的企业文化和管理机制，不断吸引全球最优秀人才在华为平台上创造价值。

BLM 中定义的人才，并不是企业要有若干个绝顶高手和盖世英雄，而是强调企业要建立对人才管理的能力，这些能力主要包括：

（1）人才牵引机制。企业文化与价值观体系、目标管理体系、任职资格管理体系。

（2）人才激励和约束机制。人才选拔管理体系、股权激励机制、薪酬管理体系、分权和授权管理体系、绩效管理体系、员工行为规范管理体系。

（3）人才竞争和淘汰机制。干部队伍建设体系、人才盘点管理体系。

企业在使用 BLM 的人才模块时，不是单指个体的优秀员工，而是特指对人才进行管理的能力，如图 5-4 所示。

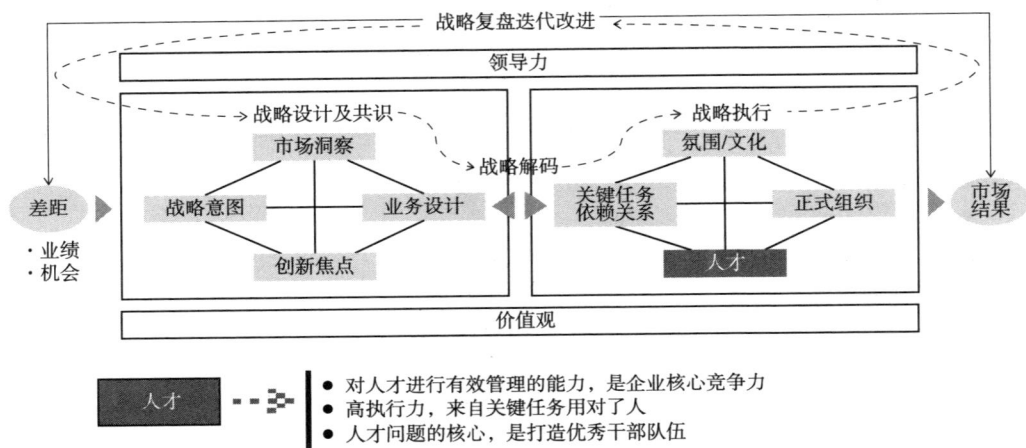

图 5-4　BLM 之人才

任何一家企业要成就宏大的事业，需要优秀人才前赴后继地长期奋斗。可现实却是万事万物都有保鲜期，人才也一样，永远是一个动态变化的过程。企业需要有一种能力，可以使得人才辈出，让人才在最佳的角色上，在最佳的时间段上，做出最佳的贡献并得到合理的回报。

【小故事：　爱迪生的报时和科芬的造钟】

GE 公司的创始人之一是爱迪生，大名鼎鼎的发明大王，名下有 1 093 项发明专利权。可爱迪生并不是这些专利的第一发明人，他是通过"买买买"的方式成为发明大王。爱迪生最著名的发明——白炽灯泡就是一个最典型的例子。

1854 年，美国的精密机械发明家亨利·戈培尔发明了首个有实际效用的白炽灯，可惜他没有及时申请发明专利。1874 年，两名加拿大电气技术人员申请了类似技术的专利，但他们没有足够的钱来继续完善这项发明，于是将专利卖给了爱迪生。爱迪生组织技术人员对这个专利进行研究，发现灯丝是关键。研发团队试验了 1 600 多种材料，最终在 1880 年找到了一种碳化竹长丝灯，爱迪生立即申请了专利，可美国专利局裁定碳纤维白炽灯无效，理由是早在 1854 年戈培尔已有类似发明。打了多年的官司后，爱迪生不得不从戈培尔的遗孀手上买断专利，才最终拥了碳丝白炽灯的专利权。

碳丝白炽灯在美国获得成功后，爱迪生想把产品卖到英国，却不承想首先面临的又是一场专利官司。一位叫约瑟夫·斯旺的英国人在 1878 年完成了真空下用碳丝通电的灯泡，并申请了英国的专利。后来，爱迪生和斯旺在法庭之外和解，并于 1883 年成立了一家合资企业，不久斯旺把自己的股份和专利全部卖给了爱迪生。

1909 年，爱迪生公司的技术人员库利奇发明了一种拉制钨丝的新工艺，使白炽灯的生产成本大幅下降，直到此时白炽灯泡才真正实现了商业化。

爱迪生痴迷于发明专利，他非常享受在企业内部发号施令，所有工程师都围着他转的感觉。这样的管理风格，使得爱迪生电灯公司的员工最关注的是爱迪生的感受，尤其是研发人才，他们特立独行天马行空，常常按照自己的喜好搞发明专利，却把客户完全抛到了脑后。拥有一千多名工程师的爱迪生电灯公司由于经营不善，被后起之秀赶超，爱迪生也被董事会免去了职务。

2003 年，《财富》杂志评选美国有史以来最杰出的十位 CEO。GE 创始人之一，又是发明大王的爱迪生，应该毫无悬念入榜吧。意外的是，爱迪生没有入选，但他的继任者科芬入选了，且排名第一。《财富》杂志给出评判最杰出 CEO 的四大标准：

一是看遗产，即离开 CEO 岗位多年后，这家企业是否仍旧兴旺发达；二是看影响力，即在技术运用和经营管理企业方面所做的创新，影响力是否已超出本企业范围；三是看恢复力，即是否领导过企业经历过重大危机，通过改革让企业起死回生并重回山顶；四是看财务表现，即通过牛熊长周期考验，企业在股市的表现是否突出。

科芬早期创办了鞋业制造公司，经过十多年的发展，他成为这个行业的领军者。在经营鞋业公司的过程中，科芬深刻领悟到：新技术是扩大市场的重要手段，但不是目的。

1883 年，汤姆森 - 休斯顿电气公司向科芬抛来橄榄枝，邀请他担任汤姆森 - 休斯顿电气公司总裁。该公司是由发明天才伊莱休·汤姆森创办的，汤姆森知道自己擅长技术发明，但不精于企业管理。科芬和汤姆森相得益彰，很快让公司成为行业老大，才有了后来与爱迪生电灯公司的合并。

科芬不懂电气技术，但他深谙市场经营和企业管理。科芬认为公司最重要的产品既不是灯泡，也不是变压器，而是机制和文化，一种能促使公司持续吸引和发展人才，然后才有源源不断的新技术和新产品在市场层面的大获成功。这样的洞见即便在今天也是领先和深刻的。

爱迪生是一个拥有一千多名研发助手的天才，他很乐于当员工的报时者，成为企业不可或缺决定企业命脉的老板。而科芬了不起的地方在于，是他创造了一个不必依赖天才并对创新过程进行有效管理的机制和文化。

第六节　股肱良哉是破解人才难题的关键

现有关键岗位的员工需要有动力、能力和采取正确行动，才能完成关键任务，对企业而言，发现培养保留能圆满完成关键任务的员工，是人才管理的最大课题。

人才缺乏是所有企业面临的难题，即便全球最有钱、最具创新精神的谷歌公司，也感慨他们最想要的顶尖人才常常去了 NASA（美国国家航空航天局），即使谷歌以远高于 NASA 5 倍的工资也换不来这些大牛的回心转意。谷歌都面临人才难题，更何况中小企业，一边是求贤若渴，一边是人才难得，这是商业世界的常态。

在所有企业都在忙着解决人才难题的时候，乔布斯给出了他的苹果方案。1995 年，乔布斯在一次访谈节目中这样说道："我的成功得益于发现了许多才华横溢、不甘平庸的人才。不是 B 级、C 级人才，而是真正的 A 级人才。而且我发现只要召集到五个这样的人，他们就会喜欢上彼此合作的感觉，前所未有的感觉。他们会不愿再与平庸者合作，只召集一样优秀的人。所以你只要找到几个精英，他们就会自动扩大团队。"

优秀的企业家吸引行业精英，行业精英会主动培养发展出更多的优秀人才，这就是乔布斯总结的破解人才的妙招，与中国古代先秦《赓歌》中的"元首明哉，股肱良哉，庶事康哉"不谋而合。

元首明哉，股肱良哉，人们很好理解。对于企业而言，股肱良哉则庶事康哉也非常具有现实意义。

好的干部，不仅仅带领团队实现组织目标，还为企业发现培养越来越多的人才。不称职的干部，不仅不能带领团队胜利地完成任务，反而让那些最有才华的人纷纷离开企业。

员工因企业而到来，却因上司而离开，这是很多企业真实的写照。从员工角度看，干部的重要性远胜于企业，因为员工所期待的机会，个人能力和潜力的发挥起决定作用的往往是自己的直接上级。

近三十年来，我们近距离观察了几十个行业、上百家中国企业的发展历程发现，最终成为各细分市场领先者的，都是在干部队伍建设方面颇有建树的企业，比如华为、特变电工、维沃公司、美的集团、海尔集团、中集集团、阳光电源、顺丰控股、方太厨具等。这些企业的干部管理各有其特色，但有两个特别明显的共性更值得学习和借鉴：一是建立干部标准，二是赛马不相马。

干部标准不仅是衡量管理者优劣的尺子，也给予基层员工提升自我的努力方向。宰相起于州部，猛将发于卒伍，赛马不相马，所有的干部都来自基层，按照统一标准进行竞争。试想，一个组织所有带兵打仗的人都是竞技决赛的佼佼者，强将手下无弱兵，这种团队的执行力和战斗力自然是强大的。

赛马不相马的干部择优机制，今天已成为绝大多数企业的人才选拔机制，在本书中不再赘述。建立干部标准，是很多企业遇到的管理难题。我们通过对企业干部队伍建设课题的持续研究，建议企业在建立干部标准时，首先关注共性问题，先建立优秀干部普遍标准后，再建立不同层级、不同岗位的优秀干部个性化要求。

1. 优秀干部的共性特质

美国盖洛普公司（以下简称盖洛普）二十五年里对来自不同国家、不同行业的一百多万员工进行调查，发现员工心目中的优秀经理，通常有四个显著特质：一是选拔人才，关注天赋才干；二是提出工作的明确要求；三是激励员工，帮助他们做最擅长的工作；四是培养员工，帮助员工晋升到他最适合的位置。

当进一步对员工评选的优秀经理进行访谈时，则发现一个很有意思的现象：无论什么国家、什么行业的优秀经理均认为每个下属员工都像蝎子一样本性难移，不要为这些差异而悲哀，更不要为弥补欠缺而枉费心机。管理者要做的，是在每个岗位上选拔最有天赋的人来做事，并将他们的优势发扬光大。

2. 优秀干部的个性化特质

根据我们的研究发现，华为的干部管理极有特色，尤其值得中国企业参考借鉴。华为的干部标准，共有四个版本，分别代表不同发展阶段企业对人才的要求。这种有着非常鲜明时代烙印的管理思考、管理实践，说明人才管理是一个不断迭代和进化的过程，背后的推手是企业战略和组织成长的需要。

（1）1.0 版本。时间大概在 1998 年至 1999 年，华为在合益咨询公司的帮助下建立任职资格体系，包括研发族任职资格、营销族任职资格、管理族任职资格等。这个最早的模型时至今日仍然被很多中国科技型企业借鉴，成了众人熟悉的双升道。华为的本意是希望打破固有的官本位意识，让更多的优秀人才乐于技术钻研，成长为各领域的专家。任职资格标准出来后，华为在实践过程中发现，研发族的任职标准挺管用，不仅统一了标准，还有较强的向上牵引作用。但管理族的任职资格标准却中看不中用，后来就不了了之。

（2）2.0 版本。2003 年，为了鼓励更多的优秀人员自愿到海外工作，任正非提出了干部任用三优先三鼓励的政策导向。

三优先指的是：第一，优先从优秀团队中选拔干部，出成绩的团队，要出干部，连续不能实现管理目标的主管要免职，免职的部门的副职不能提为正职；第二，优先选拔责任结果好，在一线和海外艰苦地区工作的员工进入干部后备队伍培养；第三，优先选拔责任结果好、有自我批判精神、有领袖风范的干部担任各级一把手。

三鼓励指的是：第一，鼓励机关干部到一线特别是海外一线和海外艰苦地区工作，奖励向一线倾斜，奖励大幅度向海外艰苦地区倾斜；第二，鼓励专家型人才进入技术和业务专家职能发展通道；第三，鼓励干部向国际化、职业化转变。

在三优先三鼓励政策导向基础上，华为建立了干部四象限模型，非常类似当下很多企业采用的人才标准四宫格或者九宫格。干部四象限的横轴是员工绩效，纵轴是员工潜力（或者素质）。业绩好潜力大的双好员工就进入后备干部池或者直接提拔晋升，走向更高的管理岗位。这种干部选拔方式，业绩相对是个硬杠杠，一目了然。但素质和能力是隐藏在冰山下层的底层逻辑，进行识别还是有相当难度的。华为在咨询公司的帮助下，又建立了人员的素质模型。干部四象限模型虽然比较粗线条，但摸索出全公司相对统一标准的干部画像，选人用人不再盲人摸象。

（3）3.0 版本。2005 年前后，华为的海外业务收入总额超过国内业务，已经成为真正的全球化科技企业。在海外开疆拓土的过程中，随着业务体量越来越大，华为的干部选拔任用方面不能出大的问题，否则就是大块业务的整体坍塌。但凡经营方向明确后，用对人就是最高纲领。可对干部的标准中，除了看得见的业绩，很难看得清说得明的干部素质反而成为正确选人用人的关键因素。

2006 年，华为再次聘请合益咨询，尝试解决这个问题。咨询顾问访谈了华为内部团队业绩 Top100 当中的六十余人，通过大量分析研究，总结出这些人之所以优于普通干部，其实是持续表现出来的某些关键行为，即干部应具备的九条核心素质（简称干部九条），见表 5-5。

表 5-5　干部九条

分　类	干部素质
发展客户能力	关注客户
	建立伙伴关系
发展组织能力	团队领导力
	塑造组织能力
	跨部门合作
发展个人能力	成就导向
	组织承诺
	战略性思维
	理解他人

干部素质标准出台后，由华为大学负责向全体干部和预备干部进行诠释和宣贯，大量的海外作战骨干被拉回总部进行培训。华为一方面要求各级骨干按照此标

准自我提升，另外也是作为公司统一的干部选拔标准，牵引优秀员工向这个标准靠拢，具备持续表现出来的关键行为。

干部九条不是干巴巴的定义，而是关键行为的持续提升。比如关注客户，公司对这个要求有四个不同的层级定义，见表 5-6。

表 5-6　关注客户关键行为定义

关注客户 定义：致力于理解客户需求，并主动用各种方法满足客户需求的行为特征。客户是指现在的、潜在的客户。 维度：对客户理解的深度，采取行动的难度			
层级一	层级二	层级三	层级四
响应明确的客户需求	解决客户的担忧，主动发现并满足客户未明确表达的需求	探索并满足客户潜在的需求	想客户所未想，创造性地服务客户

比如你想证明自己具备层级三的关注客户能力，就要提交材料证明你的确有探索并满足客户潜在的需求成功案例。

（4）4.0 版本。干部能力标准这个课题，华为作为管理优化专项已前前后后研究了十余年，无论是干部四象限还是干部九条，在具体应用过程中似乎都面临一个难题，如何真正解决干部的共性和个性问题？共性的问题容易理解，比如一名优秀的干部，底层的素质是相同的：良好的道德操守、有成就导向、能理解他人、重诺守信、会带团队等。但企业不同职能领域、不同管理位置上，对干部的要求是不同的。营销一把手、研发一把手、财经一把手，特质还是有比较大的差异。再比如同一个系统，你是做一把手还是二把手，要求也有很大的不同。为了解决以上问题，2006 年，任正非提出了华为干部四力，并请 IBM 咨询团队进一步细化。这个课题做了很多年，直到 2013 年，华为在集团层面发布了华为干部四力标准（见表 5-7）要求各级领导班子学习和使用。直到今天，这个干部标准的框架仍然在使用，是贯穿华为人力资源干部选拔、培养、使用、晋升、淘汰的主基调。

表 5-7　华为干部四力标准

干部四力	对象	特质	关键能力
判断力	业务正职	必须清晰理解公司战略方向，对工作有周密策划；具有战略洞察力和决断力，要敢于进攻；具备带领团队取胜能力，不断实现新的突破，不做虎胆英雄	战略洞察 战略判断
执行力	业务副职	具备正确执行力，实施组织意图；激励团队斗志，帮助他人成长；精于管理，擅长流程建设、方法改进和资源筹划	责任结果导向 激励与发展团队 组织建设能力
理解力	机关干部	必须理解前线作战场景，理解商业的本质，曾在一线有丰富的职业经验；面对复杂情况，对前线具备超强理解能力，能为前线提供真正需要的支援；理解和尊重文化差异，求同存异	系统性思维 妥协与灰度
人际连接力	全体干部	光明磊落，人际交往开放包容；善于与客户打成一片，建立基于信任的双赢关系；识大体顾大局，在坚持原则前提下，寻求在迂回中前进	建立客户与伙伴关系 协作能力 跨文化融合

华为的干部标准专项管理项目，前前后后已持续了二十多年，随着公司经营发展需要，未来一定还会持续进行管理优化。

企业在运行 BLM 的人才模块时，核心是建立有效机制，通过人力资源的选育用留汰等制度体系，为关键任务匹配最合适的人才。只有企业真正打造出强有力的干部队伍，人才机制和人才制度才可能真正发挥作用。

第七节　搭建正式组织平台应对业务复杂性

BLM 的正式组织模块是讨论在业务复杂性增加后，如何搭建组织能力的管理平台，让想干、能干的员工干得更好，以实现组织目标，如图 5-5 所示。

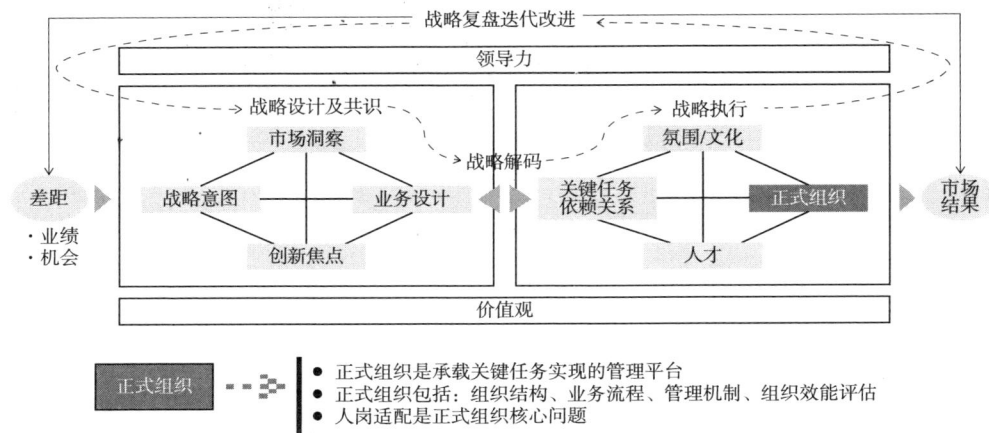

图 5-5　BLM 之正式组织

正式组织的内涵，通常包括四个方面内容，见表 5-8。

表 5-8　正式组织的内涵

正式组织	目　　的	内　　容
组织结构	组织结构是一个思考框架，帮助组织有系统地把庞大的任务或目标分解到不同部门、层级和职位，让每个岗位目标明确、责任清晰地高效完成任务	公司组织结构；各领域、中心、部门定位和使命；职能分工及协作；职能授权及制衡；各岗位职责及配置
业务流程	业务流程是实现为客户创造价值的所有业务活动有序进行，以保障企业业务良好运行的管理手段。业务活动之间不仅有严格的先后顺序限定，而且活动的内容、方式、责任等都有明确的安排和界定	业务流程框架设计；一级、二级业务流程设计；三级、四级业务流程设计；重磅团队赋权、授权、行权和权利保障；流程中角色的责、权、义；关键控制点；流程的 IT 固化；知识管理
管理机制	管理机制是以组织结构为基础，由若干子机制有机组合而成的，决定各要素之间的关系和运行方式。管理机制一经形成，就会按一定的规律、秩序、能动性地决定着企业的行为	企业日常运行机制；动力机制；约束机制；决策机制；解决问题机制；风险管理机制
组织效能评估	评价组织运行的有效性	审视战略目标是否完成的评估体系；识别组织、团队、个人效能差距的评估体系；组织健康程度的度量体系

创业期能活下来的企业，通常是企业家抓住了某个市场机会点，成功开发出某个适销对路的产品，不会涉及太多组织层面的管理工作。

企业的持续成功 = 战略 × 组织能力

战略代表企业一把手选择做正确事情的能力，组织能力代表员工正确做事的合力。

但只要企业逐渐成长，面对更多的产品、更多的客户群体、更多的员工时，企业往往会出现：增人不增效；赚钱的还是创业之初的老产品，大量新产品无法实现盈利；老板花大量时间抓管理，但企业效益难达预期等。

当企业出现以上状况时，不能简单归结为员工的心态和工作能力出现了问题，很大可能是企业正在面临青春期发育烦恼。这个阶段最典型的表现是以前做得好的事情现在却做不好了，以前不出问题的地方开始出问题了。为什么会出现这种情况呢？业务复杂性增加是问题的源头。以前规模小的时候，只做一款产品，服务一类客户。现在规模大了，客户不仅数量多，类型也多。由于所服务的客户数量和种类增长，自然衍生出更多的客户个性化需求，需要企业招聘更多的员工去设计开发更多的产品以满足市场需求。曾有人测算过，如果企业新增加3个产品与3个新的客户群体，企业的管理复杂度将增加81倍。姑且不论这个结论是否科学，现实社会里当企业进入更多的细分市场、研发营销更多的新产品、服务更庞大的客户群体时，一定会面临以下四大难题。

（1）组织内部既有新产品开发的项目团队，又有成熟产品经营的运营团队。前者需要花钱进行投资，后者可以带来现金流。企业有限的优质资源如何在新老业务上合理分配和协调？什么样的组织结构可以兼顾新老业务的发展壮大，不会顾此失彼？

（2）业务流程可理解为最佳做事的方法，可企业要做的事情五花八门：营销部门有寻找目标客户、孵化商机、招投标、回款等；研发部门有技术预研、产品预研、新产品开发、老产品改进等；人力资源部门有人才的选、育、用、留、汰等。以此类推，一个企业应该建立多少个流程？如何进行分类分层管理？流程中各角色的责权？流程的先后顺序？关键控制点及评审要素？

（3）为了组织结构和业务流程的良好运行，企业应该建立什么样的管理机制？当组织结构和业务流程出现弱化或者退化现象时，企业该如何调整和优化？

（4）如何评价组织的健康度？如何识别和诊断经营管理存在的主要问题？

显而易见，任何企业想要解决以上问题，都是非常棘手和困难的一件事情。

1997 年，华为营业收入 41 亿元人民币，已经高速发展了近十年，华为表面上的繁荣难以掩盖经营发展中的重重困局。任正非先生意识到无论是他本人还是华为的任何一位高管，没有一个人真正做过大企业。IBM、埃森哲、波士顿、普华永道、盖洛普、德国 FhG 等全球最优秀的咨询公司就是在这个阶段纷纷来到华为，投入到华为各业务领域管理提升专项中，并见证了华为的崛起。

为什么要请咨询公司这些外面的和尚来念华为组织能力管理经呢？德鲁克曾说："企业在管理中所遇到的问题，90% 都是共性问题。"企业由小到大发展到一定规模，势必要涉及战略规划及战略执行、领导力、财务预算管理、新产品开发管理、客户关系管理、供应链管理、质量管理、人力资源管理、IT 信息化等课题。无论是什么行业、什么国家的企业，在相同规模情况下企业遇到的管理问题是大同小异的。优秀的咨询公司，通过研究大量的企业案例，积累了非常多解决企业管理领域疑难杂症的方法和工具。当企业面临从来没有遇到的管理问题而感到困惑难解时，优秀的咨询顾问对于相类似的问题已身经百战驾轻就熟了。

回头来看 BLM，本书一直研究和探讨的是业务领先模型，本质是要解决两种力量的适配：一是要深入研究市场和客户，以实现企业主营业务与客户需求的市场适配；二是要研究组织能力发展和进步，解决员工与关键任务的人岗适配。做好这两个适配，就拥有了业务持续领先的实力。

优秀的企业家，一手抓经营，一手抓管理。所谓经营，更多是围绕市场适配而开展的细分市场、客户、产品等研究分析工作。由于每家企业选择细分市场，商业模式、市场定位、资源能力不同，所以战略管理只能依靠企业自身对市场的理解、分析、判断、选择和聚焦。全球有太多的企业管理咨询公司，却极少有为企业提供业务咨询的公司，不是不想做，而是比较困难，不仅每个咨询方案的个性化极强，且对顾问的综合要求太高了。

而企业管理，核心是围绕执行力建立人岗适配的人效提升工作，其共性化远大于个性化。企业家可以更多地借力外脑，快速复制成功企业经验以建立自己的正式组织能力。好的管理咨询项目，可以帮助企业家将自己的时间和精力从内部管理中适度抽离出来，更多地放到经营层面，去研究市场、拜见客户、分析技术发展趋势、洞见和发现更大的商业机会。

随着组织规模的不断发展，企业在管理方面的试错成本会越来越高。借助咨询公司的帮助，企业管理者得以研究管理的共性，从那些比自己规模更大的，或成功或失败的企业身上去吸取经验教训，站在巨人肩膀上去构建自身的组织能力，是企业行稳致远的有效方法。

第八节　打造二元组织结构实现创新跃迁

组织结构是企业的全体成员为实现组织目标，在管理工作中进行分工协作，在职务范围、责任、权利方面所形成的结构体系。

　　企业的组织结构最常见的有三种：职能式；事业部式；矩阵式。职能式组织结构特别适用于产品单一且产品生命周期长、标准化程度高、追求规模经济的企业，多见于食品饮料、化工、能源、材料等行业。比如恒顺醋业，主打产品镇江香醋的原始配方始于 1840 年清道光年间朱兆怀创立的朱恒顺糟坊。中华人民共和国成立后，无论是 20 世纪五六十年代公私合营小厂，还是 1999 年经改制而成立的股份公司，恒顺醋业对产品的质量均保持严苛要求，按照原始配方进行润料、蒸料、加曲、发酵等每一个工序，在确保产品高质量前提下，通过工艺改进和精益生产，持续于产量的提升。恒顺股份曾在相当长的时间里采用职能式组织结构，将镇江香醋的产能从 1 万吨逐步提升到 10 万吨、20 万吨、30 万吨，成为全国最大的制醋企业。

　　世界上经营百年以上的长寿企业大多集中于餐饮住宿业、零售批发业、食品业、运输仓储等行业，这类企业大多采用职能式组织结构，更利于企业保持较高的产品质量和较低的运营成本，拥有效率方面的竞争力。

　　以技术进步引导产品创新的高新技术企业，很少有百年老店，最主要的原因就在于科学技术的进步令很多产品的生命周期很短，一旦企业不能开发适应市场需求的新产品，很快被市场淘汰。对于这类企业，职能式组织结构显然不是最佳的组织管理模式，矩阵式组织结构是一种更好的选择，而要理解矩阵式组织结构的精髓，需要理解一个非常重要的概念，即二元性组织结构。

　　"技术革新对某些企业意味着天堂之门，对一些企业则代表着地狱入口。在全新的技术平台上，行业主导企业沉淀下来的经验和设施，往往会从优势资产转变为埋葬自己的负债。企业如果想保持持续竞争力，就需要学会玩空中飞人的游戏。当新技术的绳索飞向自己的时候，就要毅然地舍掉旧技术的绳索。不过，要想实现完美的一跃，企业就需要打造二元性组织。这种组织能够保证企业充分利用过去的优势，去把握未来的机会。当你能把旧绳索荡得非常高时，就能比别人更有把握抓住下一根绳索。"

上面这段关于二元性组织的话出自《创新跃迁》，书中的两位作者一直尝试弄清楚，是什么要素决定了企业和组织的长期成功或失败？当大的市场变化来临时，为什么只有少数企业顺利进化并跃迁到下一个经济周期？他们通过分析研究发现这些科技型企业，包括曾经的科技巨头在走向灭亡之前，通常有以下共性：一是缺少对客户需求的深度了解，推出的产品与客户需求脱节；二是当新技术出现时，为了固有的利益选择视而不见；三是管理层的故步自封，迷恋既有的优势。

越是大型成功的企业，越是过分依赖过往的成功路径，不自觉给自己营造了茧房，对外部环境变化的感知变得迟钝，对客户的不满意声音变得无感，最终被客户抛弃，永远停留在了过去的旧时代。今天的成功反而成了明天成功的最大杀手。为了避免上述现象的出现，塔什曼和奥赖利三世提出领袖团队必须有能力同时管理好成熟业务和创新业务。成熟业务基于经过千锤百炼的技术和流程，以成本和质量为基础在竞争并获胜。创新业务的技术并不确定，其市场也在快速变化中，要想取得胜利，就必须以速度和适应力为基础。两种业务是截然不同的，企业若想成功，就必须建成二元性的组织结构，能同时具备多种截然不同的一致性。二元性组织结构的特点，如图 5-6 所示。

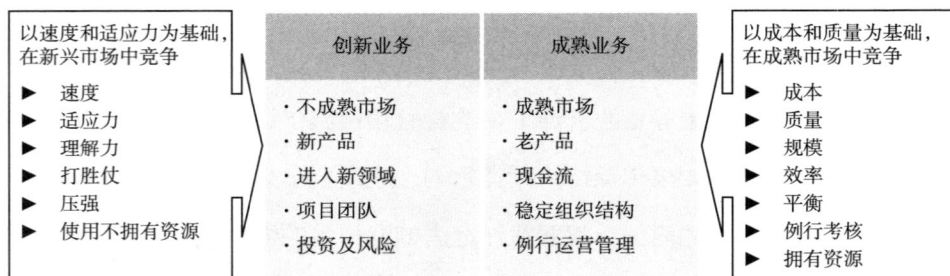

图 5-6　二元性组织结构的特点

职能式组织结构特别适用于稳定的成熟业务，但创新业务的成功往往依靠特种部队突出重围。特种部队不是常设机构，是一个短期的项目团队，团队成员来自各部门（市场调研、产品分析、研究开发、销售推广）的优秀人才，他们有着明确的项目目标，来之即战，战之即胜，实现项目目标后，项目团队自然就解散了。换句话说，跨越经济周期能活下来的企业，他们的组织结构既要保证在成熟业务中获得优势，也需要把握新兴市场商机并赢得先机，企业需要同时管理好这两类业务。

20 世纪 90 年代初期 IBM 出现巨额亏损，到了濒临破产的境地，新任 CEO 郭士纳对公司进行了大刀阔斧改革，他以二元性组织结构为蓝本，将 IBM 的组织结构转变为矩阵式。郭士纳一边对成熟产品线采用职能式管理，强调成本和质量。另外一边通过 IPD 变革在内部建立多个项目团队，强调对客户需求多样性的理解力和适应力，快速开发全新产品以进入新兴市场。无论是在成熟市场还是新兴市场，IBM 都分别获得了成功，使公司起死回生。

华为自 2000 年之后在内部也进行了组织结构的变革，采用了矩阵式的组织结构。2023 年华为年营业收入达到 7 000 亿元，内部分为 ICT（信息、通信、技术）基础设施、终端业务、智能汽车解决方案等众多业务类型，公司的组织结构仍然是矩阵式模式，说明了这种组织结构强大的生命力。

矩阵式组织结构通常适用于以下特点的企业：

（1）公司存在跨产品线共享稀缺资源（比如优秀人才资源、核心技术、目标大客户）的压力。

（2）环境压力使企业需要提供两方面或更多方面的关键产出。比如许多大中型企业，不仅要面向多个细分行业提供新产品，还要持续发展组织的核心能力（持续发现培养优秀人才、业务流程复制、先进生产工艺能力等）。

（3）企业所处的外部环境不仅复杂，而且充满不确定性。这类企业通常处于技术更新迅速的通信、互联网、物联网等行业，且产品销往全球市场。企业同时面临技术的快速变化，以及不同地域客户产品需求多元化的双重压力。

从我们咨询经验看，二元性组织模式不仅适用于技术发展快速的高科技企业，即便较传统的食品行业，比如恒顺醋业，由于外部市场竞争压力使企业需要提供两方面或更多方面的关键产出，也思考二元性组织结构的建立。恒顺醋业的传统老产品——镇江香醋，年产量可达 30 万吨，是全国最大的制醋企业。对于香醋这类成熟业务，公司内部采用职能化组织结构。除此之外，公司积极开发料酒、调料品、保健口服醋等新产品，采用 IPD 的跨部门项目团队将新产品成功推向市场。恒顺醋业通过矩阵式组织结构的建立，公司同时在成熟市场和创新市场赢得竞争优势。

对于互联网、通信、机电、物联网、医药医疗器械等行业，技术变化和外部环境更加趋于不确定性。通过矩阵式组织结构的建立，会帮助这类企业更好地迎接企业在成熟市场和新兴市场的挑战。

除了职能式组织结构和矩阵式组织结构，事业部式组织结构也是常见的一种组织结构类型，比如 GE 公司，下设十多个事业部，包括 GE 医疗、GE 能源、GE 飞机发动机、GE 金融等。事业部制的组织模式下，每个事业部都有自己的产品和特定的市场，能够完成某种产品从生产到销售的全部职能。事业部不是独立的法人企业，但具有较大的经营权限，实行独立核算、自负盈亏，是一个利润中心。如果一个大型的集团对于下属单位更偏向于财务投资型而非产品经营型，事业部是一种较好的选择。而如果一个大型集团需要更多平台型资源，包括技术平台人才、客户等资源的共享和复用，矩阵式是更好的模式。

组织结构没有落后与先进之分，只有合适与否。无论何种类型的组织结构，只要企业需要在成熟市场和新兴市场中竞争，都要面临构建二元性组织的问题。所谓合适的组织结构，就是满足客户与市场的要求、满足战略和业务模式的要求、满足组织成长的要求。企业在进行组织结构设计时，一方面要遵循组织结构设计的三大原则，如图5-7所示，另外一方面也要了解各种组织结构的优劣，找到最适合本企业的方式。

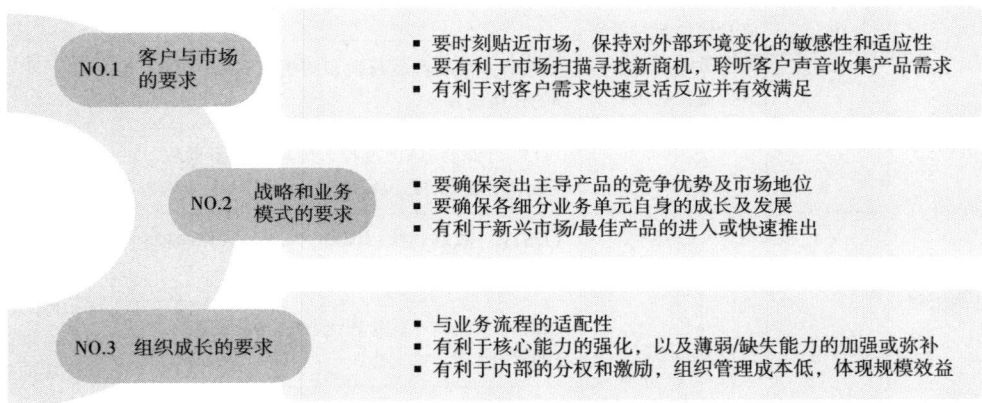

NO.1	客户与市场的要求	■ 要时刻贴近市场，保持对外部环境变化的敏感性和适应性 ■ 要有利于市场扫描寻找新商机，聆听客户声音收集产品需求 ■ 有利于对客户需求快速灵活反应并有效满足
NO.2	战略和业务模式的要求	■ 要确保突出主导产品的竞争优势及市场地位 ■ 要确保各细分业务单元自身的成长及发展 ■ 有利于新兴市场/最佳产品的进入或快速推出
NO.3	组织成长的要求	■ 与业务流程的适配性 ■ 有利于核心能力的强化，以及薄弱/缺失能力的加强或弥补 ■ 有利于内部的分权和激励，组织管理成本低，体现规模效益

图 5-7　组织结构设计的三大原则

第九节　业务流程实现平凡人成非凡事

流程管理非常重要的是要做好两件事：一是流程的分类分层；二是识别流程责任主体。

1. 流程的分类分层

企业流程管理，首先需要将流程分为不同的类别和层级，见表5-9。

表 5-9　流程分类分层管理

流程层级	流程类别	类别含义	流程名称	流程目的
一级流程	业务类	围绕客户价值实现，识别从客户中来到客户中去的业务流，做好实现客户价值交付所需的业务活动，并向其他流程提出要求	IPD：新产品开发流程，负责把新产品开发制造出来	一级流程用于公司端到端跨职能部门的主业务流程，以及中高层的业务决策
			MTL：市场到线索流程，负责把新产品推向市场，寻找销售线索	
			LTC：销售线索到回款流程，是 ToB 市场的销售流程	
			IPMS：集成产品营销和销售流程，是 ToC 市场的销售流程	
			ITR：问题到解决流程，产品推向市场后，对产品出现各类问题进行解决并关闭问题的流程	
	使能类	承接业务类流程的要求，并支撑业务类流程运行	DSTE：战略到执行流程，负责公司战略制定到执行的闭环管理	
			MCR：客户关系管理流程，负责普遍客户关系的管理	
			MSD：客户服务管理流程，负责产品售后服务及生命周期的运维服务	
			MSC：供应链管理流程，负责产品交付链相关的计划、采购、工艺、制造、质量的管理	
			MCI：投资管理流程，负责资本运作等管理	
	支撑类	企业基础能力建设流程，使企业整体能够持续高质量、低成本、低风险地运营管理	MHR：人力资源管理流程	
			MFIN：财经管理流程	
			MBT&IT：组织变革及 IT 管理流程	
			MBS：业务支持管理流程	
二级流程	业务类		比如，IPD 流程进一步分解为管理任务书开发、管理产品开发、管理产品验证等	用于职能领域的业务管理，确保各职能正常运营和发挥作用
	使能类		比如，DSTE 流程进一步分解为管理战略制定、管理战略解码、管理战略执行等	
	支撑类		比如，MHR 流程进一步分解为人员招聘、员工培训、绩效管理等子流程	

流程层级	流程类别	类别含义	流程名称	流程目的
三级流程	业务类		比如，IPD二级流程中的管理产品开发可以分解为：产品开发质量保证计划、总体技术方案、管理产品技术决策评审等	用于二级流程的工作分解定义，使员工了解所分配任务的整体计划、方案、目标
	使能类		比如，DSTE二级流程战略规划可以分解为：差距分析、战略意图、创新焦点等	
	支撑类		比如，MHR二级流程的绩效管理子流程可以分解为组织绩效、团队绩效、员工个人绩效管理等	
四级流程	业务类		比如，IPD三级流程中的总体技术方案模板可以细分为：产品规格列表、目标成本分解模板、产品可测试性需求列表等	用于描述三级流程规范的作业标准，使员工知道正确做事的方法、工具、模板
	使能类		比如，DSTE三级流程中的差距分析的工具模板，可以细分为业绩差距分析模板、机会差距分析模板等	
	支撑类		比如，MHR三级流程的员工绩效管理模板可以细分为：KPI指标库、PBC模板、Q12模板、关键任务复盘模板等	

（1）流程分类。企业流程分为业务类流程、使能类流程和支撑类流程三大类。①业务类流程也称为核心运营流程，是一个企业为客户创造价值的主流程。它的起点是客户需求，终点是实现客户需求。这个从客户中来又回到客户中去的闭环业务流程是企业经营管理的主线，也是企业存在的基础。②使能类流程。响应核心业务流程需要，支持业务类流程价值实现的流程。使能类流程关注的是内部价值链上下游之间的需求实现和管理闭环。③支撑类流程。为使整个企业能够持续高效、低风险运作而存在的打地基、建平台的管理流程。支撑类流程面向内部管理需求，以提升人均效率为根本目的。

（2）流程分级。美国生产力和质量中心（APQC）是全球权威的流程和绩效改进研究机构，主要业务领域包含标杆管理、最佳实践、流程管理、绩效改进、知识管理等。它提出了流程模型金字塔，将企业的流程分为六个层级，如图5-8所示。

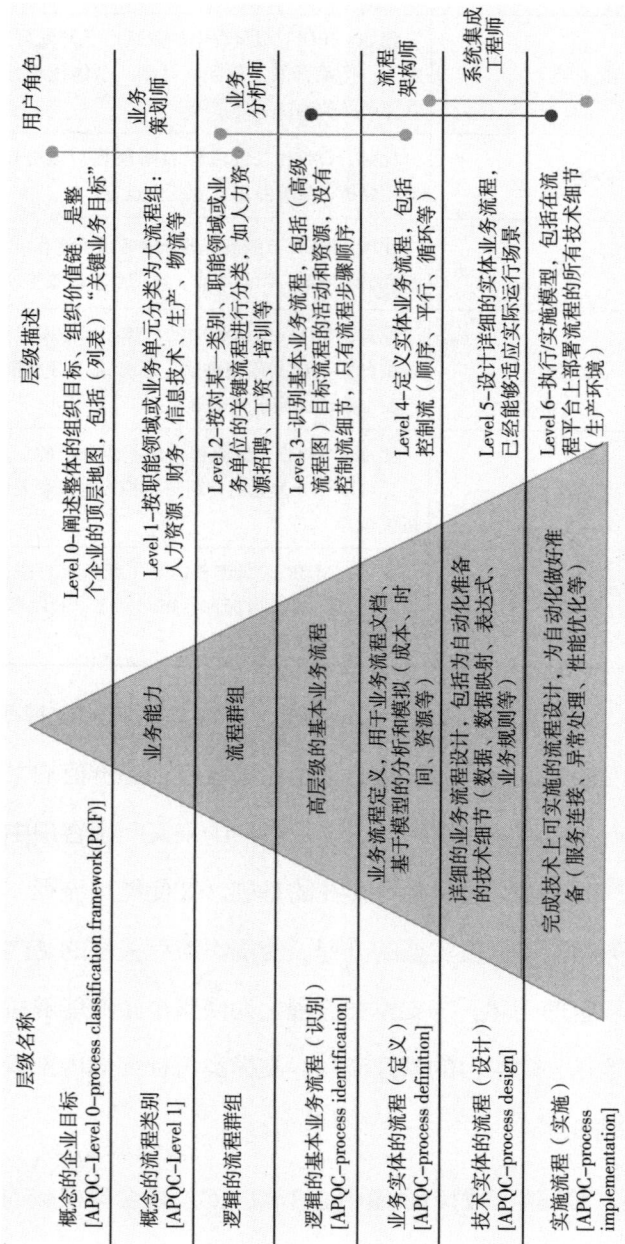

图 5-8 APQC 流程模型金字塔

层级名称

概念的企业目标
[APQC-Level 0-process classification framework(PCF)]

概念的流程类别
[APQC-Level 1]

逻辑的流程群组

逻辑的基本业务流程（识别）
[APQC-process identification]

业务实体的流程（定义）
[APQC-process definition]

技术实体的流程（设计）
[APQC-process design]

实施流程（实施）
[APQC-process implementation]

业务能力

流程群组

高层级的基本业务流程

业务流程定义，用于模型的分析和模拟（成本、时间、资源等）

详细的业务流程设计，包括为自动化准备的技术细节（数据、数据映射、表达式、业务规则等）

完成技术上可实施的流程设计，为自动化做好准备（服务连接、异常处理、性能优化等）

层级描述

Level 0-阐述整体的组织目标，组织价值链，是整个企业的顶层地图，包括（列表）"关键业务目标"

Level 1-按职能领域或业务单元分类为大流程组：人力资源、财务、信息技术、生产、物流等

Level 2-按对某一类别、职能领域或业务单位的关键流程进行分类，如人力资源招聘、工资、培训等

Level 3-识别基本业务流程，包括（高级）流程图）目标流程的活动和资源，没有控制流程细节，只有流程步骤顺序

Level 4-定义实体业务流程，包括控制流（顺序、平行、循环等）

Level 5-设计详细的实体业务流程，已经能够适应实际运行场景

Level 6-执行/实施模型，包括在流程平台上部署流程的所有技术细节（生产环境）

用户角色

业务策划师

业务分析师

流程架构师

系统集成工程师

从我们的管理实践看，中国绝大多数企业的流程，分为四个层级已经足以满足业务成长和管理的需要。对于那些营业收入规模在千亿元以上，且企业面向多个不同的客户群体提供多产品族系列的，流程可进一步细分为五至六个层级。

几亿元至百亿元规模的企业，四级流程的框架示例以 IPD 流程举例说明，见表 5-10。

表 5-10　IPD 流程的四级框架

层　级	名　　称	目　　的
一级流程	IPD 流程	大流程组，回答为谁服务
二级流程	管理产品路标	子流程，识别核心业务流程的子流程，明确给客户交付（价值实现）要做什么
	管理任务书开发	
	管理开发项目	
	管理产品开发	
	管理产品数据	
三级流程	管理产品规划	任务，一个子流程中是由若干个节点组成，识别影响客户交付的关键事件，回答如何做
	管理产品立项	
	管理项目计划	
	管理开发阶段	
	管理产品资料移交计划	
四级流程	产品规划模板	活动，用来描述一个流程节点需要完成的各项具体工作
	任务书模板	
	项目计划 WBS 模板	
	硬件概要设计 / 详细设计模板	
	软件概要设计 / 详细设计模板	
	电子 BOM、原理图、gerber 文件、拼板文件、贴片图	
	源代码、烧录文件、问题记录表	

2. 识别流程责任主体

除了对流程的分类分层管理，流程运营中还要特别重视识别流程责任主体。企业的流程建设中特别强调责任主体的概念，是因为流程往往是跨部门的业务流，一定要找到一个责任主体来负责流程的建设和优化，流程才可能在企业得到执行并落地生根。

比如新产品开发 IPD 流程，涉及市场部门（提供客户需求）、技术部门（重大新技术识别及提前研发）、开发部门（按产品包特定要求进行开发）、采购部（新器件开发和合格供应商开发验证）、生产部（验证新的生产工艺）、测试部（新产品测试和验证）、客服部（新产品安装调试验证）、知识产权部（专利查验及知识产权申报）等，每个部门都为新产品开发的市场成功提供支持，但凡有一个环节掉链子，项目团队就无法取得成功。在这类需要高强度跨部门合作的项目中，如果缺乏流程的责任主体，就没有人对所有使用流程的项目进行管理，不可能使流程成为最佳实践，更谈不上流程的持续优化、成长和发展。

跨部门业务流程中，虽然有不同部门的不同角色参与，但一定要有主体角色和辅助角色。识别流程责任主体的选择可对照主责、受益原则来确定责任主体。比如 IPD 流程的责任主体是研发中心（可进一步定义为研发中心副总裁），LTC 的责任主体是营销中心（可进一步定义为营销中心副总裁），MTL 流程的责任主体是战略及市场中心（可进一步定义为该中心副总裁）等。企业在定义流程层级时，在一级流程或者二级流程时，明确各流程的责任主体是确保流程有生命力的重要方法。

电影《妈妈，请再爱我一次》，剧中主题曲唱到"有妈的孩子像个宝，没妈的孩子像根草"，说明人类社会一个很浅显的道理，任何生命体的健康成长都有赖于一个责任主体的付出和爱护。流程不是死的、僵化的，它是一个生命体，需要持续补充营养（企业内外最佳实践），并经常修枝剪叶（流程优化），最终才能发展壮大。流程责任主体的建立是确保流程持续发展的最重要条件。

第十节 管理组织惯性适应战略发展

当前经济社会，能逐步发展壮大的企业其实都是通过建立二元性组织，积极地参与成熟市场和新兴市场上的竞争，并建立了相应的竞争优势。但成熟市场和新兴市场是个相对概念，今天的新兴市场可能就是明天的成熟市场，只是有时候外部的变化是缓慢的，有时候却是剧烈和迅速的。

当外部环境变化不大且企业过往的执行措施较好地实现了战略目标时，这时候复制过往的成功经验（产品、商业模式、组织结构、业务流程、氛围及文化），让组织带着惯性往前冲是最佳的经营管理方式，复制的力量往往令企业迅速做大、做强。

当外部环境发生了很大的变化，尤其是重大技术变革，或者国际国内政治经济环境的巨变，过往的组织惯性对企业往往意味着灾难。此时，不仅要进行战略层面的创新，还要及时审视并诊断关键任务、组织结构、业务流程、管理机制、绩效模式、人才选拔使用、氛围及文化各要素之间是否保持一致性，并进行积极地调整，以管理组织惯性。

我们通过一个真实的案例来介绍如何管理组织惯性。T 公司是主板上市的高新科技公司，2013 年至 2017 年期间业绩高歌猛进，每年保持 35% 的营业收入增长率。可从 2018 年开始，企业营业收入不仅没有增长，反而快速下降。2019 年该公司董事长聘请我们提供管理咨询服务。通过调研，我们了解到 T 公司五年战略规划（2016 年至 2023 年）的核心内容是：每年营业收入增长率不低于 30%，人均销售收入不低于 100 万元 / 人，新产品销售计划完成率不低于 70%。

在五年战略规划下，公司对于 2018 年的经营目标也作出了如下的要求：

（1）年度营业收入 6.8 亿元，净利润 1.25 亿元。

（2）XX 系列产品营业收入 4.6 亿元，毛利率 45%。（注：XX 系列是当前最重要的现金牛产品，已在市场上销售 8 年以上）

（3）YY 系列产品营业收入 1 亿元，市场占有率 15% 以上。（注：YY 系列是公司寄予厚望的新产品，2016 年上市，2017 年取得了 3 300 万元的销售收入。）

（4）ZZ 系列产品营业收入 500 万元，成功进入公安和银行系统。（注：ZZ 系列是全新产品，已研发两年，计划 2018 年 3 月上市。这是公司首款 AI 类新产品。）

（5）DD 系列产品营业收入 1 200 万元。（注：DD 系列原来是公司最赚钱的老产品，已上市销售了 16 年，但从 2017 年始 DD 类产品就处于亏损边缘，计划于 2020 年退市。）

首先，我们通过产品矩阵工具，将 T 公司的产品大类作了分类，如图 5-9 所示。

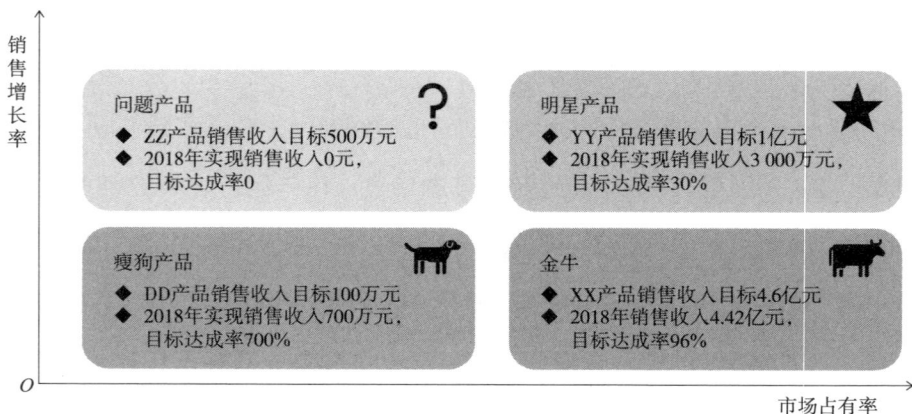

图 5-9 T 公司产品矩阵

随后，我们根据掌握的相关信息，将 T 公司 2018 年经营目标初步分解为关键任务，见表 5-11。

表 5-11　T 公司 2018 年关键任务

关键任务	责任人
XX 系列产品毛利 45% 以上，2018 年销售收入 4.6 亿元	营销副总裁
YY 次新产品毛利 65% 以上，2018 年销售收入 1 亿元	营销副总裁
ZZ 新产品进入 M 集团采购清单目录，并实现销售收入 500 万元	ZZ 产品线总监
人均销售收入 120 万元，招聘到岗率 80% 以上	人力资源总监
实现发货业绩 6.8 亿元，制造成本同比降低 5%	供应链副总裁

识别出 T 公司 2018 年的关键任务后，接下来我们对 T 公司的组织能力现状进行了摸底调查，见表 5-12。

表 5-12　T 公司的组织能力现状

组织能力	2018 年现状
组织结构	（1）公司组织结构是金字塔的职能式； （2）有较明确的职能分工，主要包括营销中心、研发中心、制造中心、质量中心、人力资源中心、财务中心； （3）营销中心和制造中心的员工最多，占比分别为 31% 和 35%； （4）管理层级分为 6 层，各岗位有较明晰的职责定义
业务流程	（1）公司没有整体业务流程框架； （2）没有业务流程分类、分层； （3）公司主要运转的是订单执行流程和 ISO 质量管理流程； （4）缺乏新产品开发、商机到现金等核心业务流程
管理机制	（1）有企业日常运行机制； （2）内部没有重磅项目团队的概念，更没有授权、行权和权利保障机制； （3）公司缺失问题解决机制、风险预防机制和员工动力机制
组织效能评估	（1）有对员工的绩效考核，并依据考核结果进行奖罚； （2）没有组织绩效管理； （3）没有团队绩效管理

续上表

组织能力	2018 年现状
人才	（1）没有关键岗位定义； （2）不进行人才盘点工作； （3）非常缺乏新业务（YY 和 ZZ 类产品）所需要的关键人才，包括产品线负责人、市场代表、SE（系统工程师）、PQA（全过程质量保证）、硬件高级工程师、算法专家、行业客户营拓专家等人才； （4）员工平均年龄 32 岁，公司九五后、零零后人员占比不到 20%； （5）人力资源部基本上不参与公司业务经营分析会议
氛围及文化	（1）公司人员队伍较稳定，对企业认可度较高； （2）绝大多数员工不希望大的调整和变化，更加喜欢安定和融洽

在 2018 年，除了现金牛 XX 老产品较好地完成了目标（销售目标完成率 96%），原计划成为公司明星产品的 YY，销售目标完成率仅为 30%。新产品 ZZ 销售收入为 0，也未完成目标。而本应淘汰的瘦狗类产品 DD，却销售了 700 万元（原计划销售 100 万元）。

相比我们见过的一些企业，T 公司战略规划质量是不错的，比如做什么不做什么，什么产品做大什么产品做优，放弃什么产品，都有着清晰明确的定义。但 2018 年的业绩差强人意，在战略方向不存在大问题前提下，一定是执行力出了问题。

利用一致性模型，咨询顾问带领 T 公司管理层进行了管理诊断，识别出一些典型问题点，见表 5-13。

表 5-13　T 公司组织一致性诊断表

关键任务	一致性诊断	组织变革的必要性及变革的内容
金牛类 XX 产品营业收入达到 4.6 亿元	基本匹配	不需要进行组织变革

续上表

关键任务	一致性诊断	组织变革的必要性及变革的内容
明星类 YY 产品营业收入达到 1 亿元	组织结构不匹配	YY 是次新业务，一方面需要持续对产品进行迭代优化，另一方面需要商业模式的不断创新，急需建立跨部门的组合团队，将市场、销售、交付、服务等人员形成一个共同的团队，参加行业客户的招投标项目才可以拿下大订单。但公司采用职能式组织结构，跨部门合作困难
	业务流程不匹配	急需建立 LTC 流程，以指导大客户销售团队和解决方案团队合力将招投标大项目收入囊中
	人才不匹配	YY 类产品在 2018 年度 70%的市场机会点来自公安和银行系统，有四个重大招投标项目。而公司之前的客户资源主要在税务和海关，人才招聘和培养远远落后于业务发展需要
	激励机制不匹配	YY 类产品的销售提成仅对销售人员有效，而对关键的解决方案、开发、交付团队没有激励措施，亟待改变当前的激励机制
问题类 ZZ 产品实现成功上市，并产生 500 万元营业收入	组织结构不匹配	没有端到端负责新产品成功上市的跨部门团队，金字塔式的组织结构无法适应项目团队运营
	业务流程不匹配	ZZ 试用阶段发现较多问题，无法建立有影响力的样板工程，公司急需建立 IPD 新产品开发流程
	人才不匹配	公司一直从事硬件类智能设备开发，对于 AI 类算法软件产品，没有人才储备
	奖励机制不匹配	公司现有的奖励模式是与新品营业收入直接挂钩，许多研发人员认为风险远大于收益，不愿意进入 ZZ 团队
	文化不匹配	研发人员习惯做产品迭代优化，对于全新 AI 类新品，害怕失败。公司内部文化偏保守，对创新失败的包容性差
瘦狗类 DD 产品逐步退市，全年营业收入不超过 100 万元	组织结构不匹配	由于 DD 是已经上市 16 年的老产品，销售人员有惯性去做销售
	业务流程不匹配	公司没有产品退市的业务流程，销售不知如何与客户沟通
	人才不匹配	公司为 DD 产品配置大量售后服务工程师和老产品改进工程师，这些人员仍然按惯性开展工作
	奖励机制不匹配	公司仍然沿用过往的销售政策包括销售提成

纵观 T 公司，之所以 2013 年至 2017 年业绩长虹，是因为正好赶上了 XX 类产品如日中天的好时机。可时过境迁，当 2018 年市场对 XX 产品需求下降时，无论是核心业务的 XX 产品，还是成长业务和新兴业务的 YY 产品和 ZZ 产品，整个组织是一套人马按照整齐划一的管理模式，带着过往经营 XX 产品的巨大组织惯性往前走。

T 公司是一家非常典型的，需要同时在成熟市场和新兴市场中进行竞争的企业。可公司并没有识别出这两类市场的不同，仍然沿用适合于成熟市场的组织惯性去面对新兴市场的竞争，是导致次新产品 YY、新产品 ZZ 失败的主要原因。如果公司能够在 2018 年，或者更早的前两年根据新兴市场业务发展的需求，主动进行组织结构、业务流程、管理机制、人才、氛围及文化的调整，就能实现组织能力与战略的适配。

企业当下正在运行的正式组织恰恰是上一个战略周期的产物，而正式组织非常类似一个球体，质量越大的物体惯性越大。有时候我们需要这种惯性，有时候却要阻止惯性过大并适度调整。理解了这段话，就理解了 BLM 中执行力的真谛。

第六章　领导力及价值观

领导力及价值观，贯穿战略设计到战略执行的全过程。从企业的角度看，领导力最大的价值是带领企业穿越周期，更长久更健康地活下去。对于企业而言，定义和描述企业核心价值观并不是件困难的事情，难的是知行合一。

BLM 所构建的领先战略和领先执行不仅是企业在顺风顺水时实现业绩的高歌猛进，更需要企业在低谷时完成业务转型和组织进化。唯有强大的领导力和统一的价值观能牵引和促使企业通过持续创新成功穿越经济发展周期，这是一切组织的灵魂。

第一节　系统提升领导力

将企业的领导力视为一门学科并进行大量、系统性研究始于 20 世纪初期。百年过去了，何为领导力？至今仍然没有被人们广泛接受的标准定义。亨利·基辛格在其专著《论领导力》中曾这样写下："领导力就是要让他的人们，从他们现在的地方，带领他们去还没有去过的地方"。被誉为领导力之父的沃伦·本尼斯说："领导力就像美，它难以定义，但当你看到时，你就知道。"事实也是如此，杰出企业领袖身上那些光彩照人的特质，比如远见、以身作则、共启愿景、使众人能、利益分享等，普通员工一看便知，即便企业刚创立还比较弱小，员工也心甘情愿追随明显具有领导力特质的领导。

领导力从狭义范围看是企业创始人、最高领导者的综合能力。从广义范围看，只要是带团队的负责人，都需要领导力。

领导力究竟是天生还是后天可以学习的？随着对领导力领域的长期探索和研究，中外绝大多数管理专家认为，领导力并不是少数人的天赋异禀，而是人类通过后天学习可以逐步培养的能力。德鲁克在《未来的领导者》一书中曾这样写道："必须学习领导力，而且领导力也是可以学会的"。彼得·圣吉在其著作《第五项修炼》中提出了学习型组织，他认为学习型组织的本质就是提升领导力。

虽然领导力难以被定义，但人们对领导力有两点共识：一是领导力是行为，而不是职位；二是领导力是变革，而不是控制。既然领导力是行为和变革，那么领导力就是人们可以持续学习培养，并不断提升的能力。

从企业的角度看，优秀的领导力必须展现出以下行为和能力：

（1）远见。天下大势浩浩荡荡，顺之者昌逆之者亡，领导者顺应大势并确保将企业带往符合未来发展趋势的正确道路上。

（2）共启愿景。领导者个人不仅有着远大的理想和抱负，更为组织构建宏伟的使命和愿景。

（3）使众人行。企业长期、中期、短期的发展规划得到员工最广泛的理解支持，整个组织力出一孔去赢取胜利。

（4）创新能力。围绕市场变化和客户价值转移变化，洞察商机且能够持续创新。

（5）判断力和决断力。一针见血地发现事物本质，解决主要矛盾和矛盾的主要方面。

（6）组织变革。不断激活组织，有效避免成功者的死亡陷阱，让企业时刻保持危机感和自我批判精神。

（7）执行力。高智慧的执行力，不仅带领团队通过实践去验证战略方向的正确与否，还寻找到最佳路径胜利登顶。

（8）人性大师。深刻理解人性，深谙合则大则赢，独则孤则死。在客户、员工、股东、上下游伙伴、社区等利益关联体之间建立良好的利益平衡关系，以实现共生共赢。

很多管理专家和企业家的著书立说都在讨论领导力，但并没有提出完整的方法论及工具箱，直到 BLM 的出现，首次以相对完整的管理框架来定义领导力提升的关键路径。当我们审视 BLM 当中的各个模块，发现所有模块都对提升领导力有大帮助，比如：主导业绩和机会差距分析、构建战略意图、推进市场洞察、输出创新焦点、进行业务设计、组织战略解码、识别关键任务、营造优秀氛围及文化、吸引并发展人才、建设组织能力、力推变革管理、启动战略复盘等。

企业的领导者及管理团队，只要认真学习理解 BLM 各模块的内涵，通过有效工具不断去实践战略制定、解码、执行、复盘的各模块，企业就能获得领导力的大幅提升。

当初华为向 IBM 购买领导力专项提升咨询服务时，IBM 推荐的管理工具就是 BLM，只是后来华为发现 BLM 不仅可以当成领导力提升的管理工具，还可以作为整个团队战略到执行的统一管理语言。从华为管理实践所取得的丰硕成果来看，

BLM 确实是非常好的领导力提升工具。

华为引入 BLM 后对该模型做出的最大变化，就是将领导力作为一个独立的模块放在战略规划和战略执行之上，如图 6-1 所示，这是华为经营实践得到的真知灼见。所谓领先的战略和领先的执行，究其根本是强大的领导力贯穿战略到执行的全过程。

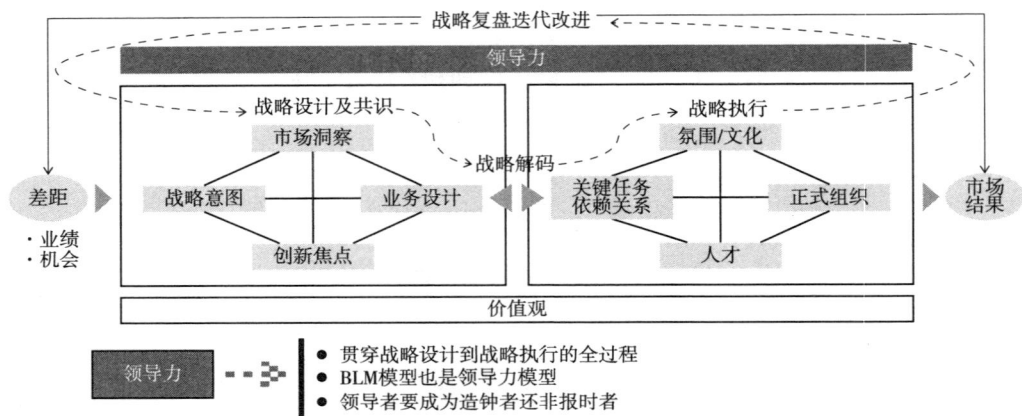

图 6-1　BLM 之领导力

除了以上 BLM 所涉及的领导力，华为的另一项重大管理实践，即对最高管理者、创始人的制衡和纠偏机制，是更了不起的领导力提升。

随着华为公司规模不断壮大，如何搭建公司的治理机制，任正非先生采用的做法与绝大多数企业不同。一般的民营企业做大后，创始人自己当董事长，聘请一名 CEO 来管理公司，董事会考核 CEO 及团队。可任正非先生却反其道而行之，他只做 CEO，向董事会汇报并接受考核和质询。

"人常有知人之智，却无自知之明"这是我们常说的一句谚语。成功的企业家最容易犯的错误是故步自封和傲慢自大。人非圣贤，不仅会犯错而且难以避免人性的弱点。对于普通人而言，或不自知，或不思改，顶多也就是个愚钝之人，影响的只是自己。可对于一个掌握庞大机构的领导者而言，如果缺乏有效机制去及时发现和纠偏领导者的错误，领导的权力在内部得不到必要制衡时，人性的弱点往往给组织带来灾难性的伤害。

任正非先生将自己放在 CEO 位置上，接受董事会的审视评价、批评质疑、制衡限制。通过这种机制来提高 CEO 及团队在战略制定到战略执行全方位的工作质量，促使领导者不仅听得见中肯的批评，更看到差距和不足，永远保持谦虚谨慎和虚怀若谷的工作作风。

企业与其到处寻找提升领导力的管理工具，不如踏踏实实学习和实践 BLM，既提升了企业整体的战略规划和战略执行能力，还切实提升了整个团队的领导力，实乃一举多得。

【作者思考：考核创始人、企业一把手】

我们的咨询客户中，民营高科技企业占相当比例，当中的一些企业老板尤其重视绩效管理。但很奇怪的现象是，不少老板请咨询顾问做绩效管理方案时，对象是除老板以外的企业全体员工。我们也看到一些企业经过绩效咨询项目后，呈现出的现状是：企业给每一个基层员工都设计了非常复杂的考核指标，却不对团队绩效进行考核，更不考核组织绩效。

了解苹果智能手机研发过程的人都非常清楚，人们根本无法用常规企业的岗位职责去定义乔布斯：他是苹果的创始人、CEO、产品经理、首席体验官、营销代言人，总之苹果手机从概念到上市的整个过程，他都深度参与，哪个环节卡壳他都要组织资源去解决。在乔布斯身上，我们几乎分不出战略和执行的界限。

几乎所有的高科技企业，都有类似苹果的特性。何为战略？何为执行？在很多情况下是深度咬合在一起的。高智慧执行力是现代高科技企业最应该具备的强大能力！企业的一把手，不是单单制定战略等着下属去执行，而是领导者本身深度参与执行并探索出正确的道路。

对于企业而言，一把手代表着组织绩效，而各职能领域、业务单元负责人通常代表着团队绩效。企业的绩效不尽如人意，问题的根源往往是领导力出了问题。通过对组织绩效和团队绩效的考核，识别出领导者在战略规划、战略解码、战略执行、复盘成长等各领域的能力短板，有的放矢地提升领导力。只有领导力提升了，才有组织绩效和团队绩效的增长。

第二节　知行合一的价值观是组织健康发展的基石

价值观之所以在 BLM 中被定义为整个组织健康发展的基石，如图 6-2 所示，就是为了指引全体员工在工作中遇到两难选择和利益冲突时，可以凭借价值观的指引做出正确的选择。

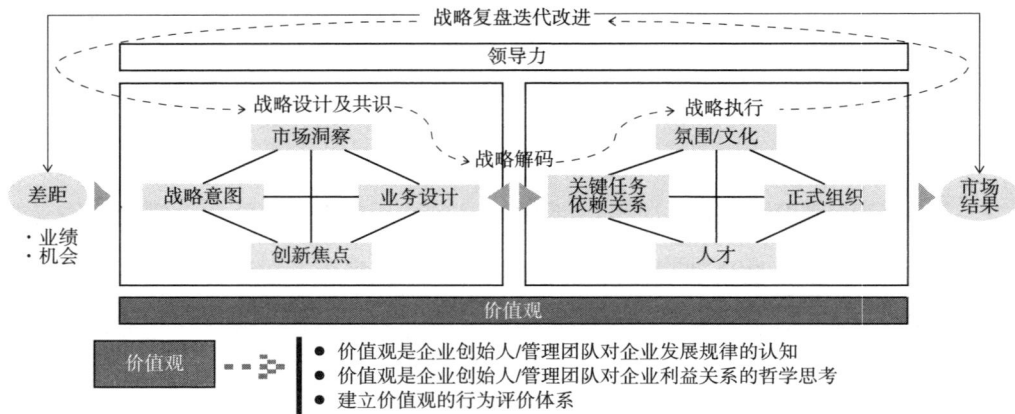

图 6-2　BLM 之价值观

纵观中外优秀企业，通常选择以下信条来定义本企业的价值观：

①IBM：成就客户、创新为要、诚心负责；

②华为：以客户为中心、以奋斗者为本、长期艰苦奋斗、坚持自我批评；

③比亚迪汽车：平等、务实、激情、创新；

④GE电气：坚持诚信、注重业绩、渴望变革；

⑤顺丰控股：诚信担当、成就员工、成就客户、创新包容、追求卓越。

上述企业中，既有历经百年依然保持活力的老牌企业，也有当代发展迅猛的科技新锐企业。国家不同、行业不同、创立年代不同，只要我们能叫得上名字的优秀企业，翻开他们的企业价值观，仅从文字表述来看，人们很难分得清这些企业的区别和差异，因为太相似了，尤其是成就客户、诚信、创新、卓越等信条，是最高频次出现的价值观。

为什么优秀企业的价值观在文字表述方面呈现出高度的相似性呢？这是因为价值观是企业创始人、管理团队对企业发展规律的认知，以及对企业利益关系的哲学思考。

1. 企业创始人、 管理团队对企业发展规律的认知

"企业"出现在人类社会已有四百余年，绝大多数的企业寿命很短，要么是昙花一现，要么是各领风骚三五年。企业家、管理团队都希望自己所在的企业能活得健康且长久，他们需要回答一个最重要的命题：企业凭什么活下去，优胜劣汰背后的自然规律是什么？

通过对成功和失败企业的观察，以及自身企业的实践，绝大多数企业家认为一个企业能活下去的唯一理由是他们对客户和社会有用，企业是通过帮助客户实现其价值来实现自己的价值。而企业要实现对客户和社会有用，就需要顺应社会潮流，只能在自然和社会规律之内谋求发展。

自然界发展规律、人类社会发展规律、商业文明规则、技术发展趋势、行业发展趋势等，正如富兰克林所说："规律是一种客观存在，我们必须遵循它，而不是违背它。"企业的创始人、管理团队只有对自然和社会发展规律有更深刻和正确的认知，才能在错综复杂的环境下做出正确的选择。

2. 企业创始人、 管理团队对企业利益关系的哲学思考

企业作为一个商业机构，要想活下去就需要保持持续盈利。企业从成立那天起，天然就面临着需要妥善处理自身与其他四大利益相关体的关系，见表 6-1。

表 6-1　企业与四大利益相关体的关系

利益关系	客　户	员　工	股　东	国家 / 社区 / 其他利益相关体
对企业的价值	企业的衣食父母	企业实现使命、愿景、经营目标的载体	企业的投资人	帮助企业实现目标的利益相关体
对企业的要求	品质优良的产品和服务；价格公道；与时俱进的新产品和服务	对个体的尊重和信任；有吸引力的薪资待遇；良好的职业成长和发展平台	享有投资回报权、重大决策权、选择管理者的权利	遵纪守法、良好信誉、共生共荣

（1）客户是企业的衣食父母。企业生产出再好的产品，如果没有客户愿意购买就是一文不值。企业能够从市场上获得的利益，只能来自客户。

（2）优秀人才给企业带来好的产品创意，以及好的产品质量及服务。一个企业之所以拥有忠实的客户群体和良好的商业美誉度，是因为员工的工作为客户创造了价值。

（3）股东是为企业提供资金的人。一斗米难倒英雄汉，再有才华的企业创始人、管理团队，离开了资金的支持和帮助，也无法正常地经营企业。

（4）政府、行业部门对企业经营发展方向的引导和扶持，以及颁布的各种优惠

政策，可以为企业创造更好的经营环境和发展机会，同时制度的规范和保障还可以维护行业的公平竞争和稳定发展。

（5）合作伙伴的鼎力相助，可以帮助企业提高效率、降低风险、增加利润、扩展市场。只有更广泛地获得合作伙伴的支持和帮助，企业才有能力为客户提供更优质的产品和服务。

企业的生存和发展，离不开客户、员工、股东、产业链合作者、政府、社区的支持，但他们各自代表着不同的利益诉求，如何满足不同的利益需求？当不同的利益主体之间出现矛盾时，如何进行利益的优先级排序？比如，当企业利益与客户利益出现矛盾时，保护谁的利益？当企业和员工的利益有冲突时，如何选择？企业的短期利益和长期利益冲突时，又如何选择？

综上所述，那些长期健康发展的企业，是因为他们的创始人、管理团队在创立和经营企业的过程中，正确地学习和理解了自然界和人类社会发展的规律，明白遵从规律、敬畏客户、凝聚员工、利益共享是长寿企业的基因内核，企业家不仅要求自己保持对规律的敬畏和遵从，更以企业价值观的方式对全体员工提出了行为规范的要求。

对于企业而言，定义和描述价值观并不是件困难的事情，难的是知行合一。企业为了真正让价值观指引员工在工作中采取正确的行为，需要长期做好以下工作：

（1）确立企业的价值观，明确告知员工企业倡导什么、反对什么？奖励什么、处罚什么？

（2）领导者以身作则，通过自己的行动去践行企业的价值观，树立榜样。

（3）组织典型案例培训，以自己企业和其他优秀企业的真实案例帮助员工更好地理解企业价值观的含义，指导员工在面临两难以及多难选择时，以企业价值观为标准来做出正确的选择。

（4）建立扬善惩恶的工作氛围，对坚守企业价值观的行为及时表扬或奖励，反之则快速处理或处罚。

好的企业是静水流深、光而不耀，之所以不发生惊天动地的大事却将企业经营得井井有条且基业长青，是企业的每一位员工，内心真正地信仰企业的价值观，并作为行为准则。

【小故事： 北极圈里的巴伦支海】

诚信是所有企业最重要的价值观，信用既是无形的力量，也是无形的财富。

15 世纪至 16 世纪的葡萄牙和西班牙几乎垄断了全球海洋贸易。为了寻找新的航线，1596 年 5 月，荷兰人威廉·巴伦支船长在阿姆斯特丹商人们的帮助下，带着 17 名船员开始了第三次探险。巴伦支船长一直试图通过北冰洋打造一条连接欧亚的新航线，只可惜前两次探险都以失败告终。第三次出行，有了前两次的经验及教训，巴伦支船长不仅信心满满，也希望福星高照财运亨通，因此他带的 3 艘船上都装满了客户委托的贸易货物。好运的是，这次他们终于到达了北极圈，证明新航线是可行的。倒霉的是，他们的船被浮冰撞毁，所有人被围困在新地岛，被迫成为第一批在北极越冬的欧洲人。

巴伦支船长和水手们盖了一间木棚，并掘洞来过冬。为了生存，他们将搁浅船只的甲板卸下来燃烧取暖，捕杀北极熊和海象来充饥，但难敌严寒饥饿和病痛。在长达八九个月的冰天雪地里，水手们相继病倒，有几名不治身亡。直到第二年初夏，有人发现了奄奄一息的他们，剩下的人幸运地得救了。巴伦支船长在返回荷兰的航程中不幸去世。

尽管巴伦支船长的探险并没有取得任何经济上的成果，但他给人类留下了两笔财富：

（1）在巴伦支船队搁浅的船只上，有大量保存完好的衣物和药品。令人难以置信的是，他们到死都没有动用船上所载的货物。货物是别人的，哪怕可以救命，也不能动用。巴伦支船队的契约精神不仅令他本人，也令荷兰人赢得了荣誉。从那之后，欧洲商人更愿意把货物交给荷兰人来运输，以示向巴伦支船长致敬。

（2）1871年，在巴伦支去世近300年后，挪威渔民在新地岛上发现了他的棚屋和部分日记。巴伦支船长在日记中不仅描述了他们过冬时的艰难困顿，还详细绘制了沿途极为准确的航海图和文字说明，为其后的北极探险提供了重要的宝贵资料。

为了向巴伦支船长致敬，后人将北极圈附近的一块海域命名为巴伦支海。

第三节　将文化价值观纳入绩效管理

前面我们介绍过，彭明盛在IBM内部推行BLM时加入了价值观要素，华为引入BLM后又增加了领导力要素。如果没有领导力和价值观，BLM是不完善的，因为企业从战略到执行的全过程，其实是由领导力和价值观来贯穿始终的。一个企业，但凡价值观出了问题，轻则步履维艰，重则破产倒闭，比如：

成立于1983年的美国世通通信公司（以下简称世通），在不到20年的时间里成长为美国第二大长途电信运营商，仅次于AT&T。2002年，美国证券交易委员会谴责世通做假账，该公司CEO入狱25年，公司破产倒闭。

日本高田公司（以下简称高田）创立于1933年，是全球三大汽车气囊厂商之一，在全球20个国家拥有56个生产基地，全球员工接近5万人。2016年高田气囊爆炸产生金属碎片导致6人死亡被曝光后，公众才得知高田一直隐瞒安全气囊有缺陷的问题，前后导致百余人伤亡。此后高田受到了指控并于2017年申请破产。

三鹿集团（以下简称三鹿）的前身是 1956 年成立的幸福乳业生产合作社，经过几代人半个世纪的奋斗，到 21 世纪初期成为中国乳业第一品牌。2008 年三鹿被曝出在婴儿奶粉中掺加三聚氰胺导致大量婴幼儿泌尿系统受损的严重质量事件。2009 年 2 月三鹿宣布破产，董事长被判无期徒刑。

翻看世通、高田、三鹿的发展历史，诚信都被列为企业的核心价值观，而且他们在企业早年发展阶段，的确也是这样做的，才能一路披荆斩棘成为行业领先者，这是几代企业领导者和员工苦心经营的结果。这些企业的灭亡并不是战略和执行力出了问题，而是价值观出了问题。

企业经营终究是长跑，比拼的并不是谁更大、更赚钱，而是活得更长久、更健康！当企业员工出现违反价值观的行为时，很多企业是能够立即处罚的。难的是企业如何建立有效的预防和处罚机制，去杜绝管理层乃至最高管理者的行为违反企业的核心价值观。对这个问题的思考，才是推行和实践 BLM 的价值观模块当中，最应该思考的问题。

通过观察，我们发现越来越多的企业意识到价值观的重要性，通过一系列的管理创新来解决价值观的可评价、可改进，这些管理创新主要包括：

（1）建立企业价值观的考核规则，纳入正常绩效管理体系。

（2）高级管理人员的年度绩效考核指标中既有工作业绩考核，还包括价值观行为评价。通过年度述职方式，高管人员不仅接受董事会的业绩质询，还要向董事会证明本人的行为操守是符合企业价值观要求的。

（3）普通员工的绩效考核体系中除了业绩指标，还有工作态度和行为考核。员工根据企业的价值观考核规范，列举关键行为证明自己在日常工作中的行为，正确践行了企业的核心价值观。

（4）企业有专门机构（比如审计部、人力资源部、道德遵从委员会等）负责团队氛围评价、干部工作作风评价等，通过多种方式从客户、员工、合作伙伴处获得相关信息，来评判中高级管理干部和关键岗位人员是否始终如一地坚守企业的核心价值观。

（5）发现任何违反企业价值观的言行，坚决严肃处理，决不姑息。

对于企业的价值观，说教千遍不如考核一次，考核千次不如处罚一次。客户第一、诚信、创新、追求卓越等核心价值观不是动听的言语和墙上的美图，而是企业每一位员工应该落实在工作中的态度和行为。企业通过建立价值观的行为评价体系，持续于组织内部的生态环境建设，让每位员工有正气、走正道，企业就深深扎下了为客户创造价值的根。

第七章 战略复盘迭代改进

复盘这个概念，源自古老的东方思维，最早应用于围棋对弈后的归纳总结，被视为围棋选手增长棋力的最重要方法，特别是和高手对弈时，通过复盘可以推导和反思高手为什么要这样下，以便发现自己的差距和弱点，从而将别人的成功经验转化为自己的能力。

BLM 的战略复盘和迭代改进，是企业根据差距分析结果，反思上一个战略周期内战略设计到战略执行的得失成败。之后企业通过持续性、递进式的高智慧的思考，提出下一个战略周期更好地完成目标的 BLM 迭代改进方案。

第一节　无复盘不成长

企业管理团队按照 BLM 完成一个周期的战略规划到战略执行后，我们脑海里自然而然涌入三个问题：一是短期目标实现了吗？二是中期战略规划处于健康推进中吗？三是下一个周期的战略到执行，如何比这次做得更好？

使上述三个问题进行闭环管理的最好方法是战略复盘迭代改进，如图 7-1 所示。所谓战略复盘，是对上一个战略从规划到执行的完整周期进行回顾，总结得失和经验教训，更准确地理解事物发展规律。所谓迭代改进，是根据战略复盘的成果，重新优化、调整、改变从战略到执行的各模块内容，包括差距分析、战略设计及共识、战略解码、战略执行、领导力及价值观等，以便下一个战略从设计到执行周期内，更高质量地实现组织目标。

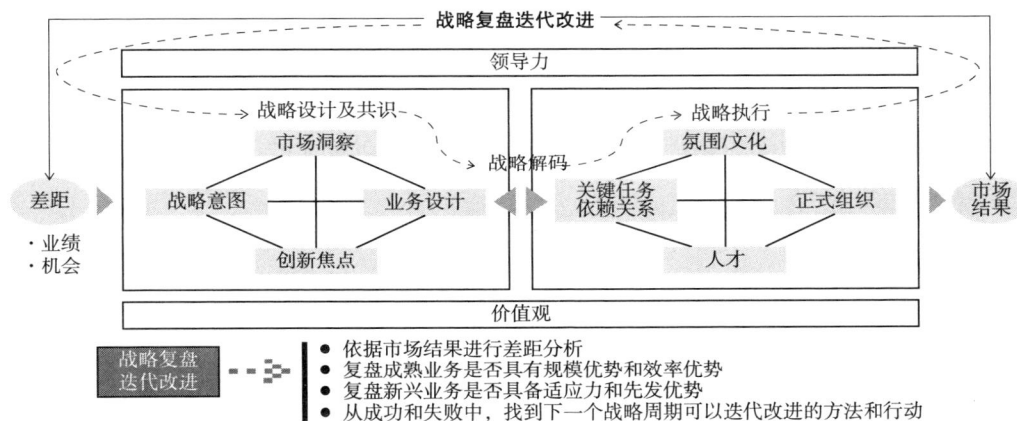

图 7-1　BLM 之战略复盘迭代改进

对于 BLM 而言，通过复盘要实现以下目的：

（1）依据市场结果进行双差分析，找到业绩差距和机会差距的主要原因。

（2）复盘成熟业务是否具有规模优势和效率优势。

（3）复盘新兴业务是否具备适应力和先发优势。

（4）从成功和失败中，找到下一个战略周期可以迭代改进的方法和行动。

说到对规律的掌握，以及对成功失败经验的梳理，不少企业常常使用工作总结等方式，两者之间的主要区别是什么呢？

比如足球赛比赛现场，教练团队在场馆的不同位置摆放若干摄像机，通过全景捕捉将整个比赛的过程拍摄下来。待比赛结束后，教练带领球队回看录像，通过每一个进球、每一个动作的拆解来分析双方球队的战术执行优劣，使球队全体成员设身处地思考，下一次和对手交锋时如何打好每一个来回并赢取胜利。

今天，不仅是棋类对弈，竞技体育比赛，还是企业间竞争，包括更加残酷的军事对抗，但凡涉及竞争，复盘的影子就无处不见。

复盘与总结最大的区别，是在复盘过程中企业不单单是总结自己的思考和行动，还要分析市场和客户的变化，以及竞争对手的行为。复盘的过程是反思上一次市场竞争中，双方或多方博弈中各自所采取的行动，以及行动背后对利弊得失的经营管理思考。企业是否智慧地运用成功是成功之母，以及失败是成功之母这两种思维模式，是通过复盘后企业最应该建立的关键能力。

在 BLM 的差距分析中，差距区分为业绩差距和机会差距两类。我们在前面章节中，一直强调企业的二元性组织，即在成熟市场的竞争中，企业通过打造低成本和高质量，获得规模优势和效率优势。在新兴市场中企业以速度和适应力为基础，获得产品和服务的先发优势以抢占市场先机。对于这两个不同的市场，我们在进行战略复盘时，其背后的诉求是完全不同的。

在成熟市场，市场竞争格局已经形成，每家企业的优、劣势早有定论，企业间竞争更多看谁更具备精益求精的能力。对于复盘，可以更多地采纳失败是成功之母的思维模式，通过对标管理等工具，发现企业与竞争对手在成本、质量等方面的差距，找出问题、弥补短板、解决瓶颈，是获得规模优势和效率优势的重要方法。

对于新兴市场的新业务，复盘的重点不是发现毛病，而是寻找光芒。新兴市场未来的新产品、新技术、新模式是什么？最终找到答案不可能是一蹴而就的，而是通过一次次市场试验后的复盘，发现的惊雷声和闪亮点。企业对于新兴市场的新业务，眼睛不是盯着我们做错了什么，而是我们做对了什么，比如哪个试销产品客户特别喜欢，什么价位受众最多，什么渠道销量最大。企业恰恰是捕捉到这些闪光点且一次次复制，最终找到了正确的路径并实现了企业新业务的指数级增长。

BLM 的复盘，不是简单地进行工作总结，而是针对业绩差距和机会差距，进行深入分析，在战略设计、战略解码、战略执行、领导力和价值观等诸多方面总结经验和教训，以便为下一个周期的从战略到执行，寻找更优解的过程。

无复盘，不成长！一次成功的复盘，至少能给团队带来五点好处：一是审视大方向是否基本正确，避免方向性错误；二是认知事物本质和发展规律，做出正确选择；三是分析双方或多方实力，知可以战与不可以战者，胜！四是知道团队的优势和劣势，扬长补短；五是知道"坑儿"在哪里，避免重复犯错。

第二节　年度复盘的四步法

复盘既可以按年度、半年度、季度来进行，也可以在关键事件发生后一事一复盘。BLM 中战略复盘通常指年度复盘，除此之外，当关键事件发生后，企业也需要及时启动复盘会议，以总结关键事件的经验教训。

年度复盘通常采用四步法，如图 7-2 所示。

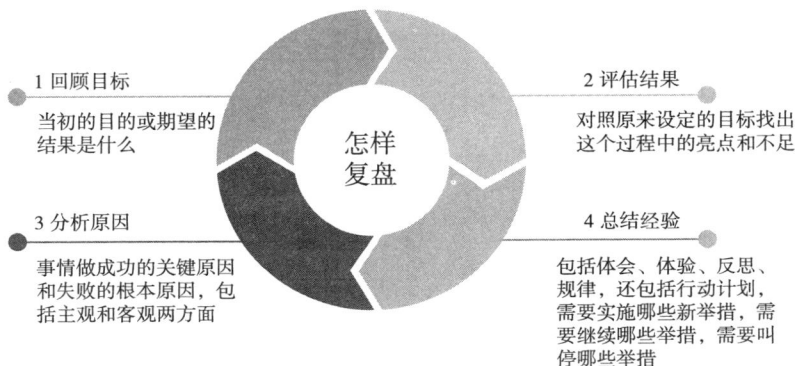

1 回顾目标
当初的目的或期望的结果是什么

2 评估结果
对照原来设定的目标找出这个过程中的亮点和不足

怎样复盘

3 分析原因
事情做成功的关键原因和失败的根本原因，包括主观和客观两方面

4 总结经验
包括体会、体验、反思、规律，还包括行动计划，需要实施哪些新举措，需要继续哪些举措，需要叫停哪些举措

图 7-2　战略复盘四步法

通过我们的管理实践，以上四步法实际上可以进一步拆分成七个步骤。

（1）回顾目标。比如 CEO 来做公司级别的战略复盘，他不仅要复盘整个公司在本年度目标完成情况，还要回顾中期战略目标（通常 3～5 年）战略从制定到执行各阶段完成情况。如果是公司 CTO（首席技术官）的回顾目标，他会重点复盘技术研发和产品研发的战略目标及完成情况。

不同岗位人员，在组织内所承担的责任和绩效目标是不相同的，因此，在进行战略复盘时，各岗位人员回顾的目标也是不相同的。

（2）结果对比。在定义战略意图时，我们曾对使命、愿景、核心价值观、战略、目标的含义进行了描述，比如目标特指公司董事会对经营团队提出的年度绩效目标，战略特指公司董事会提出的中期（通常 3～5 年）绩效目标，滚动到本年内应该实现的目标。在实际复盘过程中，结果对比可以采用能够量化的 KPI 指标，不易量化的关键事件评价这两种方式来进行对比分析。

实际完成情况与目标值的对比，让团队成员一目了然看到取得的成绩，以及存在的问题。通过结果对比，将复盘工作聚焦，让所有人员不再漫无目的发散性思维和讨论，而是集中于整个组织的业绩差距和机会差距分析。

（3）叙述关键事件过程。它是战略复盘与其他总结汇报的最明显差别。绝大多数人看到的只是关键事件的结果，其实他们并不了解过程中的曲折是非，比如某个新产品上市后大卖，除了该产品线的 LPDT（产品开发团队经理）等几个核心人员，其他人并不知道他们在过程中经历了什么。在复盘中，通过 LPDT 的叙述，让参加会议的人员了解事情的来龙去脉，看到环境、领导力、资源、技术、团队、文化等在整个过程中是如何影响事态的发展。这种复盘形式，不仅对当事人，对整个团队的管理干部，都是极佳的现场案例学习。正是基于对过程的全要素分析和提炼，让所有人建立系统化思维模式，通过学习和借鉴高手的成功经验来转化为自己能力的提升，非常类似围棋中拆解高手经典棋局。

如果出现经营目标严重不达标，或者重大新业务的失败，则更加需要进行叙述过程这个步骤，以便一究到底、止于至善。

（4）自我剖析。龙生九子却各不相同，在相同的内外部环境下，不同人遇到同样的事和人，处理方式大相径庭。在自我剖析阶段，正是当事者面对具体问题时，他的思考、分析、排序、判断及选择，导致不同的结果。让当事者对过往的关键任务做自我剖析，不仅让他个人通过复盘进一步提升能力，而且也让参与复盘人员，投身于真实的商业环境，去思考如果我遇到类似情况，将如何处理，我还能找到更优的方案吗？

通过自我解剖，上级领导往往能分辨员工解决具体问题的真实能力，识别出高潜力素质的人才并可在未来予以重点培养和使用。

（5）众人设问。德鲁克先生曾说："帮助企业解决问题没有秘诀，只需要问正确的问题。"一个好的问题比成千上万的答案都更有价值！正是众人设问环节，让复盘人员去思考管理中的底层逻辑，去寻找存在问题的根源和真正的破解之道。创造始于问题，有了问题才会思考，好的问题可以帮助整个团队快速直逼事物的本源，以及商业的本质。

（6）总结规律。复盘最重要的内容是为了得出一般性的规律，形成符合真相的认识。在从战略到执行的整个过程中，胜利的来源不可能每个环节都尽善尽美，但一定是在关键事件中，关键人才做出了正确的选择。而失败也许是整个链条存在致命缺失，也可能只是某一个岗位人员的某个差失。因此，通过复盘一定要获取成长和进步，不能让时间的流逝将过往的痕迹清扫得一干二净。

复盘最终要有结论，要有或成功或失败的规律性总结。正是参加复盘人员在过程中进行收集、整理、分析，形成教案，不仅让参与复盘的成员得以成长，还能让后来人站在巨人肩膀上，一开始就做正确的事情及正确地做事，或者不在同一个地方愚蠢地再次摔倒。

（7）复盘归档。归档不是锁在铁柜子里睡大觉，而是将凝集了本企业在过去一年里取得的成功经验，以及交纳高昂学费的教训，整理出系统的培训教材，让没有机会参加复盘的相关人员，依然可以从中学习和成长。

以上战略复盘七步骤，是我们参加众多企业的复盘会议后总结出的方法论。另外我们也发现，高质量的复盘活动在很多企业还属于稀缺事物。为了真正发挥复盘的价值，建议企业在进行复盘时，尽可能采用以下措施：一是企业年度、中期战略复盘由一把手主持和主导；二是企业有统一的复盘模板并不断优化；三是企业聘请复盘经验丰富的人（内外部均可），在复盘过程中进行有效引导。

某种程度上，复盘是企业中、高级管理团队最佳的教学相长的集体学习过程。复盘能力的快速提升，将帮助整个团队更深入地理解和落实 BLM，并让真正高潜力、高绩效的未来之星脱颖而出。

【工具箱：　年度复盘模板】

某公司营销中心年度业务计划复盘模板，见表 7-1。

表 7-1　公司营销中心年度业务计划复盘模板

1. 概述								
2. 业绩								
KPI	单位	2022 年目标值	2022 年实际值	目标完成率	差距数值	2020 年实际值	2021 年实际值	2022 年同比2021 增长率
销售收入								
服务收入								
新业务收入								
其中：新业务一								

新业务二					
成熟产品毛利率					
新产品毛利率					
应收账款周转天数					
营销费用					

3. 主要市场机会完成情况

原细分市场	主要市场机会点	完成情况

4. 关键任务及行动计划完成情况

行动计划及实施	事件目标	责任人	事件结果	评价
关键任务 1：				
关键任务 2：				
关键任务 n：				

5. 差距分析

5.1　业绩差距分析

业绩指标	差距数额 / 百分比	差距产生主要原因	经验、教训
业绩指标 1：			
业绩指标 2：			
业绩指标 n：			

5.2　机会差距分析

业绩指标	差距数额 / 百分比	差距产生主要原因	经验、教训
业绩指标 1：			
业绩指标 2：			
业绩指标 n：			

6. 自我剖析：针对存在的业绩差距和机会差距，依据 BLM 的各关键要素，总结团队或取得成绩或存在重要失误的主要原因

7. 众人设问：根据战略制定、战略解码、战略执行、领导力及价值观等各关键要素要求，对复盘人业绩完成情况进行提问，引发复盘人对重大问题本质进一步深入思考

8. 复盘总结：复盘会议主持人根据以上复盘内容进行归纳和提炼，总结复盘人在本年度业绩达成或成功或失败的经验教训

第三节　使用 KPT 复盘法进行关键任务复盘

在第四章战略解码章节中，我们重点讲述过企业的关键任务是影响整个系统、整体局面的特定工作任务，如果其被正确执行，就能实现组织一步步从弱到强，从小到大的战略目标。如果其未能被正确执行，轻则改变竞争格局将组织引向不利局面，重则导致整个系统崩溃和灭亡。

企业一个年度经营周期，或者一个战略经营周期内，绝大多数时间是常规的经营管理，关键任务不会太多，但恰恰是少数的关键任务决定了企业的命运。因此建议当企业完成某项关键任务后，及时启动关键任务复盘，是让整个组织认清真相、提升认知、改变行为最有效的方法之一。

KPT 复盘法是常用的关键任务、关键事件复盘方式，如图 7-3 所示。

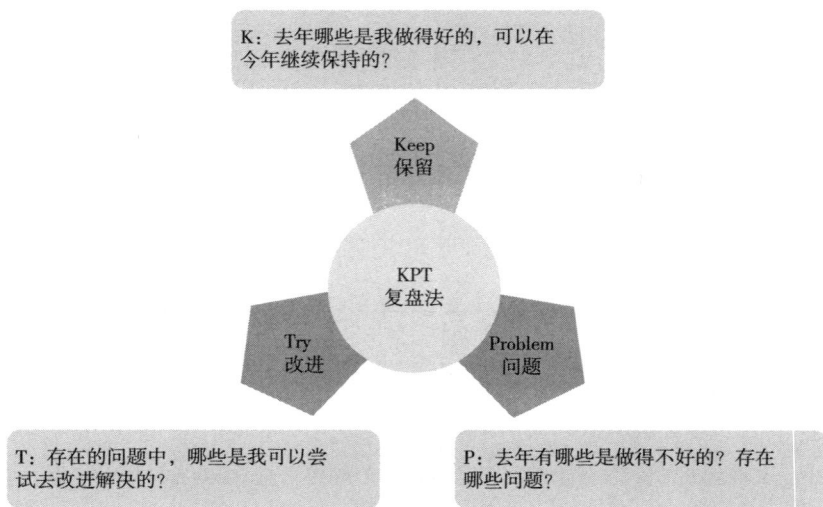

图 7-3　KPT 关键任务复盘法

K（需要保持的）哪些做得好，以后继续保持；P（存在的主要问题）关键任务执行中出现了哪些问题导致事与愿违？原因是什么？T（可以尝试做哪些改变）。

无论是企业，还是员工个体，之所以能够完成关键任务，本质上是遵循事物发展规律并采取了正确的行为，这需要有很强的觉察力。何为觉察力并没有统一标准的定义，我们在实践中发现，企业通过一次又一次的关键任务/关键事件复盘，最终是要提升三种重要能力：洞察力（对未来趋势的预见能力）、判断力（复杂局面下做出正确选择的能力）、执行力（完成预定目标的实操能力）。通过KPT复盘法，可以持续地帮助企业员工审视我/我们的洞察力、判断力和执行力，通过复制成功模式、发现重大问题、尝试新思路新方法这三部曲将好事做好，错事不做，以及纠正不良行为的习惯性动作。

阿里巴巴是国内企业中将复盘做得非常扎实有效的公司。"双十一"是该公司每年最关键的任务，通过这个关键任务的复盘过程，让我们看到整个公司是如何一步步提升洞察力、判断力和执行力的。

首先，淘宝"双十一"的诞生，是因为该公司每年11月份的业绩通常是最差的，管理层想改变这个现状。2009年时任公司首席运营官（COO）的张勇说，咱们在"双十一"联合商家做个购物节吧，当时没人知道这个完全人造的全民购物游戏可否成功？

淘宝从2009年的5 203万元到2021年的5 403亿元，在"双十一"当天的线上交易数据翻了1万倍（见表7-2）。这个数字的背后，表明阿里巴巴的商业模式、产品、技术、流程、管理经受住了巨大考验。这个过程，正是阿里巴巴遵循了暴露问题—复盘总结经验教训—再实践—暴露问题—再复盘的KPT复盘模式，获得了巨大成功。

表 7-2　阿里巴巴 "双十一" 线上交易数据表

年　份	线上交易额（人民币）
2009	5 203.00 万元
2010	9.36 亿元
2011	33.60 亿元
2012	191.00 亿元
2013	350.00 亿元
2015	912.00 亿元
2017	1 689.00 亿元
2019	2 684.00 亿元
2020	4 982.00 亿元
2021	5 403.00 亿元

从 2009 年首次"双十一"开始，每年的"双十一"，淘宝都面临着不同的问题，比如：

2009 年，"双十一"诞生，当时网购的人很少，访问数据极低，高峰每秒只有 400 个请求，企业非常担心"双十一"就是个伪命题，对"双十一"的未来忐忑不安，阿里巴巴当时就安排几个技术人临时值班。

2010 年，突然冒出很多客户，线上交易额一下子冲到 9.36 亿元，各种问题似山洪般倾泻而出，搞得技术团队手忙脚乱，很多问题都无法第一时间妥善解决。

2011 年，惊现"午夜惊魂"，在"双十一"倒计时前 1 个小时，突然发现优惠折扣 3 折被写成 0.3 折，直到在 23 点 45 分，技术团队才锁定问题，决定将程序回滚，展示的商品信息全部重新推送，结果却出现一个严重的系统 bug，顿时所有人傻眼不知所措。

2012 年"双十一"零点刚过，交易成功率还不到 50%，访问网页各种报错，很多网页直接进不去，无法付款，各种系统高频次报错，最后甚至出现超卖危机。

2015 年是移动端爆发的第一年，而阿里巴巴的技术团队没有意识到这一点，未能提前在移动 App 上进行充分的技术优化，导致"双十一"当天移动端入口流量大大超过预期，10%物流机器宕机，绝大多数服务无法响应，阿里巴巴被骂得体无完肤。

在阿里巴巴眼里，每一年的"双十一"，都是头皮发麻、如履薄冰的"鬼门关"，谁也不知道又会从天而降些什么洪水猛兽。但就是在这种年年焦头烂额，年年业绩突飞猛进的情况下，阿里巴巴不仅成为中国，也成为世界上最大的电商企业。阿里巴巴所采用的"双十一"独特的复盘管理方法，如图 7-3 所示，让企业一边经历着痛苦，一边快速成长，真正体会到痛并快乐着的感觉。

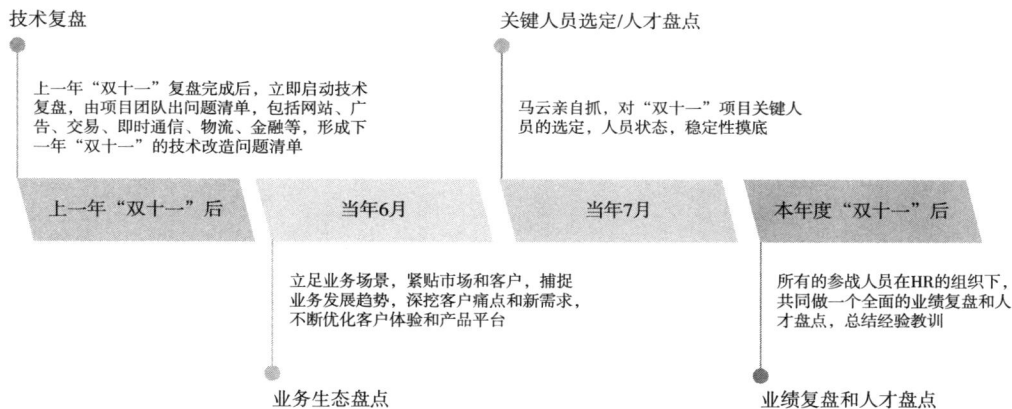

技术复盘

上一年"双十一"复盘完成后，立即启动技术复盘，由项目团队出问题清单，包括网站、广告、交易、即时通信、物流、金融等，形成下一年"双十一"的技术改造问题清单

关键人员选定/人才盘点

马云亲自抓，对"双十一"项目关键人员的选定，人员状态，稳定性摸底

上一年"双十一"后　当年6月　当年7月　本年度"双十一"后

立足业务场景，紧贴市场和客户，捕捉业务发展趋势，深挖客户痛点和新需求，不断优化客户体验和产品平台

所有的参战人员在HR的组织下，共同做一个全面的业绩复盘和人才盘点，总结经验教训

业务生态盘点

业绩复盘和人才盘点

图 7-4　阿里巴巴 "双十一" 复盘流程图

阿里巴巴"双十一"复盘主要步骤及内容如下：

（1）全员复盘。每年"双十一"结束后的两周到一个月内，启动全员复盘。复盘由公司人力资源部统筹，俗称搭场子，即各业务线的人力资源业务伙伴（HRBP）协助业务负责人发起复盘会议，在集团要求的时间内完成所在单元的复盘。全员复盘不但要及时，还要划分重要层级，从最前线的业务到后台管理，列出问题清单，通过集思广益来分析这些问题到底是人的问题还是业务问题。查问题环节要快准狠，绝不拖延，分门别类地来处理。

（2）技术迭代。全员复盘结束后，立即启动"技术专项"，对问题清单中涉及的技术问题进行排序，对那些简单容易的问题马上整改，疑难杂症就要上升到公司最高技术管理部门，列入公司重大技术专项，通过项目立项的方式，纳入公司级的重点项目进行管理。重大项目通常不是短时间内可以解决的，之所以在十二月份就开始启动技术平台的整体优化，就是要避免头痛医头、脚疼医脚，留出充分时间让技术专家对技术问题制定具备全局性和前瞻性的解决方案。

（3）业务进化。第二年六月份启动的"业务复盘"，围绕的核心是"满足客户需求"。 比如 2015 年的全员复盘，发现商家意见和抱怨集中在：数据响应慢、数据呈现方式复杂、服务模式单一、缺乏定制和个性化服务等。通过对这些问题的分析，经过半年准备，在 2016 年六月份，阿里巴巴推出全新的"聚星台"数据化解决方案，完成了对不同的客户说不同的话，助力商家实现从"流量为中心"到"消费者为中心"的转型升级，并在这种生态环境下推出相适应的支付服务、物流服务、金融服务、云计算服务、广告营销服务等。

阿里巴巴的业务是一点一滴发展聚焦起来的，业务生态进化是一个不断改变和完善的过程。通过复盘，紧贴市场和客户，不断在问题的驱动下，提升客户满意度。

（4）人才历练。阿里巴巴为了锻炼组织能力，进行了很多的组织架构改造、企业文化塑造。在这些锻炼组织能力的手段里面，一个非常有效的手段就是"双十一人才复盘"。每年六月份，哪些人能上双十一项目，是公司最高决策层需要深思熟虑并进行决策的重大问题。而为了提交这份名单，人力资源部会做长达半年的准备工作，最终成果主要包括"双十一会战入选人员清单"和"关键人才稳定性摸底"等。

人力资源部根据上一年双十一盘点和年终人才盘点的情况，将公司最优秀和最有潜力的员工挑选出来，组成入选人员名单。这份名单中除了对双十一非常熟悉的老员工，还包括一些新的员工（人才盘点中的明星类员工）。双十一是一场非常好的、能够让新员工能力提升的战场，同时也是对新人的培养、对关键岗位继任人的培养。

　　入选名单出来后，人力资源部牵头组建专题学习班，组织入选员工对过往双十一的经验教训进行学习，确保项目组的新成员也能充分了解之前备战的风险和经验，快速进入角色。之后人力资源部进行"人员稳定性摸底"，掌握项目组关键人员的状态，及时化解个体身上的风险。待这些工作完成后，将双十一项目组成员名单上报公司决策层。

　　任何公司的重点业务，不仅要选对人、培养人，还要对人的状态、风险、稳定性、经验做盘点，保证关键人员在业务中的稳定发挥，最大化地提高人的绩效。

　　另外，双十一制造了阿里巴巴最大的压力测试，每一年的 11 月 11 日都是当年交易的峰值。为了这个最大洪峰的平稳通过，必须调动非常多的资源去共同赶考，比如要调动众多商家做活动；要调集物流供应商做好货品配送；要调动庞大的数据库资源，让实时交易系统及时准确；要整合银行资源完成全部的资金交易……也就是说，双十一是阿里巴巴每年的最大战役，对这个最重要关键任务的复盘，既要检验阿里巴巴的战略规划和商业模式是否符合市场发展趋势，还要审视企业进行组织管理、营造优秀文化氛围、对人才进行有效管理的能力能否支撑公司战略发展的需要。

　　通过阿里巴巴"双十一"的案例，我们可以看到，阿里巴巴的关键任务复盘紧紧围绕复制成功经验、问题驱动改变、尝试创新方法的 KPT 三部曲进行。正是通过一次又一次的"双十一"关键任务复盘，阿里巴巴不仅深入地贴近市场去洞察和验证未来发展趋势，捕捉到了真正的大商机，还通过问题驱动促使公司的产品、技术、人才、文化氛围更好地与关键任务相适配，有效保障关键任务一次又一次地被正确执行。

　　KPT 关键任务复盘法是企业非常重要的成长型思维方法论，它促使整个团队成员共同地有效地持续地提高认知和改善行为。

第四节 使用 GRAI 工具进行战略复盘的迭代更新

战略复盘不是行为艺术，其最终目的是在下一个战略周期内，企业可以更智慧更圆满地实现自己的战略意图。战略复盘的最终成果，是要完成从战略到执行各模块的迭代更新方案。

战略迭代更新可以选择较多的工具，比如 PDCA 循环、KISS 法等。从我们众多的咨询案例中来看，GRAI（目标回顾、结果陈述、过程分析、归类总结）工具相比其他工具更强调"迭代"二字，因此本节重点介绍该工具。GRAI 的战略迭代，如图 7-5 所示。

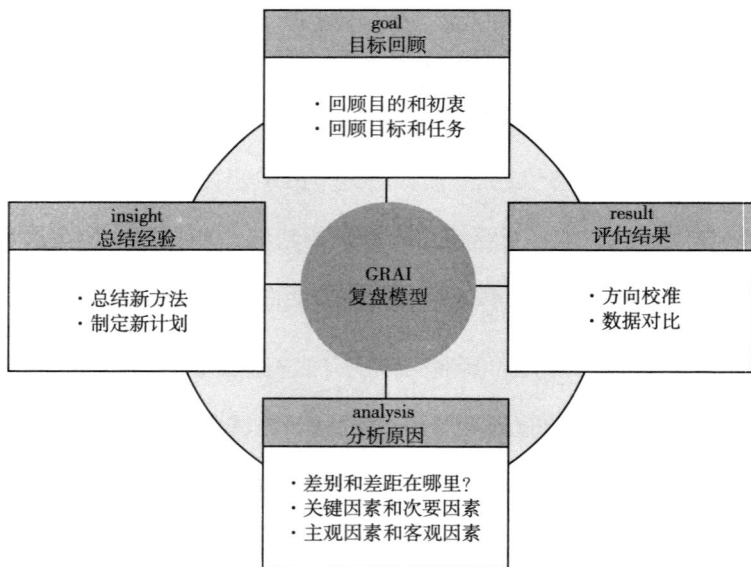

图 7-5 GRAI 的战略迭代示意图

我们通过一个真实的案例，简要说明企业如何使用 GRAI 工具完成一个战略周期内的战略复盘，迭代更新需要输出哪些内容。

HY 公司是 A 股主板上市公司，属新能源新材料行业国家级高新技术企业。该公司成立于 1995 年，现有员工 3 000 多人，2023 年度营业收入 50 多亿元人民币，其中包括 A、B、C 三个产品事业部。公司的资源平台部门包括战略市场中心、营销中心、供应链中心、研发中心、财务中心、人力资源中心、IT 及质量流程中心等。

公司已连续两年（2022 年至 2023 年）在内部大力推行 BLM，要求全部管理人员深入理解 BLM 的核心思想，将其视为全公司战略到执行力的管理工具和管理语言。从 2022 年开始公司聘请我们两位作者担任 BLM 项目咨询顾问，不仅要输送知识产品，使公司核心团队正确使用 BLM 工具，更要指导战略规划小组和战略解码小组根据战略复盘的结果，完成下一个战略周期内的领先战略到领先执行的迭代进化。

公司 BLM 咨询项目的推行，大致可分为四个里程碑：第一个里程碑完成或者刷新 SP（战略规划），公司的战略规划周期为五年；第二个里程碑完成年度 BP 计划（每一年的工作目标）；第三个里程碑完成组织绩效和团队绩效考核方案。第四个里程碑完成战略复盘及迭代更新。

SP 和 BP 项目期间，双方根据项目计划，由公司总裁组织公司高层（股份公司副总裁以上人员）、各产品事业部中层以上干部、各职能中心中层以上干部组成专项工作小组，通过咨询顾问的培训引导和答疑解惑，指导战略规划小组成员完成 SP 计划书，战略解码小组完成 BP 计划书。经过内外部专业人士的评审，提交公司董事会进行审批。

经公司董事会审批通过后的 SP 和 BP 计划，由外部顾问和企业管理部、人力资源中心共同组成绩效管理专项团队，完成公司战略计划和经营目标的层层分解和指标落实，最终与关键岗位人员签署员工 PBC（个人业绩承诺书）。

公司每年的 7 月份和 1 月份，会进行 BLM 复盘专项会议，通过双差分析检查审核战略设计、战略解码、战略执行、领导力及价值观等各领域存在的问题，需要改进的地方，提升方法和路径等。企业管理部将复盘总结形成《管理改善检查清单》，周期化、常态化地检查改善清单上的任务是否完成，并将相关结果纳入到责任人的绩效评价体系。

2023 年度 BLM 专项推行的重要专项任务及计划，见表 7-3。

表 7-3　BLM 项目关键里程碑计划

序号	类　别	主流程	责任主体	输出物
1	汇报	上年度公司 BP 计划完成情况复盘	公司总裁	《2022 年公司 SP 及 BP 复盘报告》
2	引导	BLM 核心思想培训	顾问	BLM 引导材料 PPT
3	引导	差距分析引导	顾问	双差分析引导材料 PPT
4	分组研讨	双差分析研讨	战略规划小组	差距分析报告
5	引导	战略意图制定引导	顾问	战略意图引导材料 PPT
6	分组研讨	战略意图研讨	战略规划小组	战略意图方案
7	引导	市场洞察"五看"引导	顾问	市场洞察"五看"引导材料 PPT
8	分组研讨	市场洞察研讨	战略规划小组	市场洞察方案
9	汇报	差距分析、战略意图、市场洞察汇报	战略规划组长	汇报 PPT
10	引导	产品业务组合、创新焦点、业务设计引导	顾问	引导材料 PPT
11	研讨	产品业务组合、创新焦点、业务设计研讨	战略规划小组	各产品事业部产品组合、创新焦点、业务设计报告
12	汇报	产品业务组合、创新焦点、业务设计汇报	战略规划组长	各产品事业部产品组合、创新焦点、业务设计汇报 PPT
13	引导	战略解码	顾问	战略解码方法论及工具
14	研讨	解目标、解任务、解资源、解指标	战略解码小组	解码清单
15	汇报	执行力一致性评估	战略解码组长	战略解码清单及组织一致性评估汇报 PPT
16	研讨	SP 刷新	公司总裁	SP 方案
17	研讨	下年度 BP 计划	公司总裁	BP 方案
18	汇报	下年度公司 SP 刷新及 BP 计划	公司总裁	公司级 SP 和 BP 计划书
19	业绩目标签署	下年度业务计划书及组织绩效签署	企业管理部	业务计划书、PBC
20	总结	总结发言	公司总裁	总结发言材料 PPT

从表 7-3 中可以看出，第 18 项工作任务"下年度公司 SP 刷新及 BP 计划"就是团队经过战略复盘后，输出的下一个战略周期的战略规划到执行的迭代改进整体方案。这个整体迭代方案的高质量输出，需要通过 GRAI 工具进行下列问题的高智慧思考，并输出相应的优化 / 提升方案，见表 7-4。

表 7-4　BLM 战略复盘的推迭代更新计划

业务分类	评估结果	分析原因	迭代方案
核心业务	业绩差距分析	规划的 SP 和 BP 目标是否达成？市场洞察五看复盘的结论。	业务组合和业务设计的迭代方案；核心业务提升规模和效率的优化方案；
成长业务	机会差距分析	业务组合、创新焦点、业务设计的复盘结论。是否需要调整战略意图？是否需要重新进行业务设计？战略解码复盘的结论。各业务类型组织构件一致性复盘结论。组织结构 / 业务流程的复盘结论。人才、组织文化的复盘结论	新兴业务提升占有率和适应性的优化方案；战略解码方法论的迭代方案；组织能力优化的迭代方案；2024 年关键任务清单；SP 刷新；BP 刷新
新兴业务	机会差距分析		

依据表 7-4，我们可以看出，企业作为参与市场竞争的主体角色，通过战略复盘，最终的迭代方案中要完成对市场机会、目标客户、产品竞争力、运营效率、组织能力这五大问题的思考和策略方案，就基本上可以形成一个新的战略周期的战略规划到战略执行的迭代方案。

附 录 本书英文缩略语释义

ABP/BP	annual business plan	年度业务计划
AI	artificial intelligence	人工智能
ATM	automated teller machine	自动取款机
BEM	business execution model	业务执行力模型
BG	business group	业务集团
BLM	business leadership model	业务领先模型
BMC	business model canvas	商业模式画布
BOM	bill of material	材料清单
BSC	balanced scorecard	平衡记分卡
CEO	chief executive officer	首席执行官
CBB	common building blocks	共用构件模块
CDT	charter development team	任务书开发团队
CRM	customer relationship management	客户关系管理
CSF	critical success factor	关键成功因素
CTO	chief technology officer	首席技术官

CTQ	critical to quality	关键质量特性
DSTE	develop strategy to execute	开发战略到执行
FAN	financial analysis	财务分析
GRAI	goal result analysis insight	目标结果原因规律复盘法
ICT	information and communication technology	信息通信技术
IFS	integrated finance service	集成财务服务
IoT	internet of things	物联网
IPD	integrated product development	集成产品开发
IPMS	integrated product marketing and sales	集成产品营销及销售
IPMT	integrated portfolio management team	集成组合管理团队
ITR	issue to resolution	客户问题到解决
KISS	keep improve start stop	保持改进开始停止复盘法
KPI	key performance indicator	关键绩效指标
LPDT	leader of product development team	新产品开发项目经理
LTC	lead to cash	线索到回款
MBT&IT	manage business transformation and information technology	管理业务变革及信息技术
MBS	manage business support	管理业务支持
MCI	manage capital investment	管理资本投资
MCR	manage client relationship	管理客户关系
MCS	manage channel sales	管理销售渠道
MFIN	manage finances	管理财经
MM	marketing management	市场管理
MHR	manage human resource	管理人力资源

MSC	manage supply chain	管理供应链
MSD	manage service delivery	管理服务交付
MTL	market to lead	市场到线索
ODM	original design manufacturer	原始设计制造商
OEM	original equipment manufacturer	原始设备制造商
OKR	objectives and key results	目标与关键成果法
PBC	personal business commitment	个人绩效承诺书
PESTEL	political, economic, sociocultural, technological, environmental, legal	政治、经济、社会文化、技术、环境、法律
PDT	product development team	产品开发团队
PQA	product quality assurance	产品质量保证
SE	system engineer	系统工程师
SP	strategy plan	战略规划
SPAN	strategic positioning analysis	战略定位分析
SWOT	strengths, weaknesses, opportunities, threats	优势、劣势、机会、威胁
TPM	transformation progress metrics	变革进展指标
VDBD	value driven business design	价值驱动业务设计
WBS	work breakdown structure	工作分解结构
$APPEALS	price, availability, packaging, performance, ease of use assurances, life cycle costs, social acceptance	价格、可获得性、包装、性能、易用性生命周期成本、社会接受度